함께 나누는 희망
함께 나누는 행복

상생을 위한

협동조합 설립과 회생

진남주 · 김정태

탑북스

머리말

협동조합과 사회적협동조합(이하, '협동조합등'이라 한다)은 1970년대 유럽에서 등장하여 1991년 이탈리아에서 사회적협동조합법 제정 이후 캐나다, 스페인, 프랑스 등에서 법제화 되어 시행되었다.

우리나라에서는 2011. 10. 12. 민주당 손학규 의원의 발의로 2012. 1. 26.「협동조합기본법」이 공포되어 2012. 12. 1.부터 시행되었고, 이후 2020. 3. 31.까지 4번의 개정 절차를 거쳐 현재에 이르렀다.

다양성이 공존하는 현대사회에서 협동조합등이 사회적, 경제적으로 미치는 영향력은 매우 크다. 특히 협동조합등은 사회적기업, 마을기업, 자활기업 등과도 상호 관련성이 있어 이를 사회적경제기업이라고도 한다.

이러한 협동조합등을 포함한 사회적경제기업은 사회 구성원간의 상생을 그 핵심으로 하고 있다. 이는 사회가 복잡하고 다양해지면서 사회 구성원간 더불어 살아가는 것이 더욱 중요한 요소가 된다는 의미이다.

그러나 이와 같은 사회적 필요성에 따라 많은 협동조합등이 설립되어 운영되고 있지만, 한편으로는 협동조합등의 사회적·경제적·법인격적 위치에 대한 해결방안을 고민할 시점이 되었다.

이 책에서는 협동조합등의 설립과 운영에 대하여 서술하고, 더 나아가 경제적 어려움에 따른 구제방안으로 해산과 청산절차, 회생 및 파산 절차를 알아보고자 한다.

특히 청산과 파산절차보다 더 중요한 주제는 회생절차이다. 회생절차는 사회적 구성원의 상생을 목표로 출발한 협동조합등이 단지 경제적 원인으로 소멸되는 것을 방지하고, 법적 안전장치를 통하여 경제적 어려움으로부터 벗어나 계속 존속할 수 있는 기회를 보장하기 때문이다.

어려운 여건 속에서도 이 책을 출간해 주신 탑북스 김광식 대표님과 편집하신 분들께 감사의 말씀을 드린다.

2021. 10. 7.

금련산 기슭에서

전남주 씀

머리말

풍요로운 커뮤니티 활동을 위한 유익한 지침서가 될 수 있기를...

베이부머세대, 58년개띠세대, 생애2모작세대, 신중년세대 등 다양한 용어로 일컬어지는 세대가 있다. 이들은 지금까지 경제성장의 주역이었고, 현재도 경제활동인구의 범주에서 활발한 활동을 이어가고 있다.

정부에서도 50+생애재설계 대학이라는 과정을 통해 중년이후의 삶을 이끌어 가기 위한 다양한 재교육과정을 개설 운영하고 있다.

50+세대의 트렌드는 다양한 커뮤니티 활동을 통해 혼자 할 수 없는 많은 일을 곳곳에서 해내고 있다. 궁극적으로 50+세대의 커뮤니티 활동은 자신과 사회 모두에게 이익을 가져다주는 가치 있는 공익적 행동이다.

각 커뮤니티의 다양한 사회활동이 어떻게 사회공헌을 하고 일거리, 일자리로 전환되는지를 파악해보면 협동조합을 통하여 시작되는 경우가 많아지고 있다. 이렇게 설립된 협동조합이 체계적이고 실질적 도움을 주는 커뮤니티 형성에 기여하고 있고, 각자의 선한 의지로 일거리 창출에 힘쓰고 있다.

하지만 의욕적인 출발로 커뮤니티는 시작했으나 모든 것이 성공적이지는 않다. 그렇다면 이렇게 시작은 커뮤니티를 생성, 운영, 종결에 이르기까지 어떻게 해야하는지에 대한 방향성을 알릴 필요성이 있고, 그 선제적 프로세스를 담아서 학습할 필요가 있다는 생각을 하게 된 것이다.

본서는 협동조합의 설립부터 운영과 해산 및 청산에 이르기까지를 협동조합기본법 등을 기반으로 서술되어진 것으로 풍요로운 커뮤니티 활동을 위한 유익한 지침서가 될 수 있기를 바랍니다.

2021. 10. 7.

부산경상대학교
평생교육원 원장 김정태

차 례

제1장 총 설

제2장 협동조합

제3장 사회적협동조합

제4장 협동조합등의 회생 및 파산

【 약어표 】

- 법 : 협동조합 기본법
- 법 시행령 : 협동조합 기본법 시행령
- 법 시행규칙 : 협동조합 기본법 시행규칙
- 채무자회생법 : 채무자 회생 및 파산에 관한 법률

제 1 장 총 설

1. 서설
2. 협동조합등의 명칭
3. 협동조합등의 법인격과 의무
4. 협동조합등에 관한 정책적 지원
5. 다른 법률과의 관계 및 준용

제1장 총　설

1. 서설

1) 협동조합기본법 제정 및 경과

2008년 글로벌 금융위기에도 불구하고 협동조합은 구조조정의 최소화와 빠른 경영 정상화 등으로 경제안정에 기여하여 새로운 경제사회 발전의 대안모델로 주목을 받게 되었고,[1] UN에서도 협동조합의 경제안정 효과 및 사회통합 기능에 주목하여 각국에 관련 법제도의 정비를 권고하였다.[2]

이러한 분위기에 따라 우리나라에서도 2011. 10. 12. 민주당 손학규 의원의 발의로 「협동조합기본법안」이 국회에 상정되어 통과되었고, 2012. 1. 26. 「협동조합기본법」이 공포되어 2012. 12. 1.부터 시행되었다. 이후 2020. 3. 31.까지 4번의 개정을 거쳐 현재에 이르렀다.

---

1) 스페인의 3대 기업인 '몬드라곤 협동조합연합체'는 2008년의 금융위기에서도 협동조합 간의 고용승계 등으로 별도의 구조조정 없이 위기를 극복한 우수사례가 있다(협동조합업무처리지침, 기획재정부 · 한국사회적기업진흥회, 2021. 4.).

2) 2009년 UN 136호 결의문("Resolution 64/136. Cooperatives in social development")에서 2012년 '세계협동조합의 해' 선포와 함께 관련 법제도의 정비를 권고하였다.

2) 협동조합등의 정의[3]

협동조합은 재화 또는 용역의 구매·생산·판매·제공 등을 협동으로 영위함으로써 조합원의 권익을 향상하고 지역사회에 공헌하고자 하는 사업조직이고, 협동조합연합회는 협동조합의 공동이익을 도모하기 위하여 법 제2조 제1호에 따라 설립된 협동조합의 연합회이다.

사회적협동조합은 법 제2조 제1호의 협동조합 중 지역주민들의 권익·복리 증진과 관련된 사업을 수행하거나 취약계층에게 사회서비스 또는 일자리를 제공하는 등 영리를 목적으로 하지 아니하는 협동조합이다.

사회적협동조합연합회는 사회적협동조합의 공동이익을 도모하기 위하여 법 제2조 제3호에 따라 설립된 사회적협동조합의 연합회이고, 이종협동조합연합회는 이 법 또는 다른 법률에 따른 협동조합이 공동이익을 도모하기 위하여 설립한 연합회이다.

3) 국제적 동향

국제협동조합연맹(ICA, International Cooperative Alliance)은 협동조합의 7대 원칙을 다음과 같이 천명하였다.[4]

(1) 자발적이고 개방적인 조합원 제도

협동조합은 자발적이며, 모든 사람들에게 성(性)적·사회적·인종적·정치적·종교적 차별 없이 열려있는 조직이어야 한다.

---

3) 「협동조합기본법」 제2조
4) '협동조합 정체성에 대한 선언(Statement on the Co-operative Identity)', 1995년 ICA 100주년 총회에서 발표하였다(ICA홈페이지 : www.ica.coop).

(2) 조합원에 의한 민주적 관리

조합원들은 정책수립과 의사결정에 활발하게 참여하고, 선출된 임원들은 조합원에게 책임을 갖고 봉사하여야 한다.

조합원마다 동등한 투표권(1인 1표)을 가지며, 협동조합연합회도 민주적인 방식으로 조직·운영 되어야 한다.

(3) 조합원의 경제적 참여

협동조합의 자본은 공정하게 조성되고 민주적으로 통제되어야 하고, 자본금의 일부는 조합의 공동재산이며, 출자배당이 있는 경우에 조합원은 출자액에 따라 제한된 배당금을 받아야 한다.

잉여금은 협동조합의 발전을 위해 일부는 배당하지 않고 유보금으로 적립하여야 하고, 사업이용 실적에 비례한 편익을 제공하여야 하며, 다른 협동조합 활동 지원 등에 배분하여야 한다.

(4) 자율과 독립

협동조합이 다른 조직과 약정을 맺거나 외부에서 자본을 조달할 때 조합원에 의한 민주적 관리가 보장되고, 협동조합의 자율성이 유지되어야 한다.

(5) 교육, 훈련 및 정보 제공

조합원, 선출된 임원, 경영자, 직원들에게 교육과 훈련을 제공하여야 하고, 젊은 세대와 여론 지도층에게 협동의 본질과 장점에 대한 정보를 제공하여야 한다.

(6) 협동조합간의 협동

국내외에서 공동으로 협력 사업을 전개함으로써 협동조합 운동의 힘을 강화시키고, 조합원에게 효과적으로 봉사하여야 한다.

(7) 지역사회에 대한 기여

조합원의 동의를 토대로 조합이 속한 지역사회의 지속가능한 발전을 위해 노력하여야 한다.

4) 협동조합 활성화의 효과

협동조합 활성화가 사회적으로 미치는 영향으로 경제주체별, 경제적, 사회적 측면에서 살펴보면 다음과 같다.

(1) 경제주체별 효과

소비자 측면에서는 소비자가 원하는 맞춤형 물품(유기농산물 등), 서비스(의료, 돌봄, 보육 등)를 저렴하고 안정적으로 구매하여 사회 구성원의 편익 증진에 기여한다. 한살림 등 소비자생활협동조합의 유기농 재배 농산물은 산지 직거래를 통해 일반매장 대비 30% 정도가 저렴한 것으로 보고 있다.

생산자 측면에서는 소비자조합 등과 연계한 직거래와 사전계약 재배 등을 통해 안정적이고 높은 수익이 보장된다. 서울우유협동조합에 조합원으로 가입한 축산 농가는 다른 우유업체와 거래하는 농가들보다 더 높은 가격에 원유를 납품하는 것으로 파악되고 있다.

근로자 측면에서는 직원으로 구성된 협동조합 설립을 통해 고용불

안정 문제 해결은 물론 임금수준 향상도 기대된다. 대리운전기사들이 모여 협동조합을 설립할 경우 고객에게 받는 수입 중 사업주 귀속분 중 20~30%를 자기수입으로 전환이 가능한 것으로 보고 있다.

(2) 경제적 효과

소액 · 소규모 창업 활성화를 통한 일자리가 확대되고, 생산자와 소비자의 직거래를 통한 유통구조 개선으로 물가안정에 기여할 수 있고, 협동조합간의 협력을 통한 경제안정화 등이 기대된다.

(3) 사회적 효과

취약계층에게 사회서비스와 일자리를 제공하여 기존의 복지시스템을 보완하고, 주민들이 모여 자신들의 근린서비스, 복지서비스를 마련하는 등 민간 차원의 맞춤형 복지서비스 제공이 가능하다.

이와 더불어 협동조합은 민주적 운영(1인 1표)에 따른 의사결정의 조합원 참여를 보장하여 구성원의 만족감과 주인의식이 높아지는 효과가 있다.

5) 협동조합과 사회적협동조합의 비교

「협동조합기본법」은 다른 개별 협동조합법과는 달리 협동조합과 사회적협동조합의 2종 구조를 도입하고 있다.

근래에는 세계적으로 사회적 목적인 공익의 실현을 위한 협동조합과 그 활동이 증가하는 추세로 1970년대 유럽에서 등장하여 1991년 이탈리아에서 사회적협동조합법 제정 이후 캐나다, 스페인, 프랑스 등에서도 법제화 되어 시행중에 있다.

아울러 별도로 공익을 추구하는 사회적협동조합의 법적근거를 마련하여 사회서비스 활성화 및 공공서비스에 기여하고 있다.

〈표 1-1〉 협동조합과 사회적협동조합의 비교

구분	협동조합	사회적협동조합
법인격	▶ (영리)법인	▶ 비영리법인
설립	▶ 시도지사에게 신고	▶ 기획재정부장관(관계 부처)의 인가
사업	▶ 업종 및 분야 제한 없음	▶ 공익사업 40% 이상 수행
경영공시	▶ 의무사항 아님 * 조합원수 200인 이상 또는 출자금납입총액이 30억 원 이상의 경우에는 의무사항	▶ 의무사항
법정 적립금	▶ 잉여금의 10/100 이상 * 출자금납입총액의 3배에 이를 때까지	▶ 잉여금의 30/100 이상 * 출자금납입총액의 3배에 이를 때까지
배당	▶ 배당 가능	▶ 배당 금지
청산	▶ 정관에 따라 잔여재산 처리	▶ 비영리법인 · 국고 귀속
감독	▶ 직권 또는 신고에 따른 조사 · 시정명령	▶ 필요시 업무상황, 장부, 서류 등을 기획재정부장관(관계 부처)이 검사 ▶ 인가요건 위반시 인가 취소

6) 협동조합과 다른 조직과의 비교

협동조합과 「상법」상 회사, 「민법」상 비영리법인, 사회적기업 및 마을기업과 사업목적, 설립, 운영방식, 책임, 범위, 규모, 성격 등에 있어서의 공통점과 차이점을 살펴보면 다음과 같다.

(1) 협동조합과 「상법」상 회사

「상법」상 회사는 상행위나 그 밖에 영리를 목적으로 하는 법인으로서 법인의 이익을 구성원에게 분배하여 경제적 이익을 도모하는 법인으로 주식회사[5] · 유한회사[6] · 유한책임회사[7] · 합명회사[8] · 합자회사[9] 등이 이에 해당한다.

협동조합은 원칙적으로 조합원의 이익을 도모하고 영리를 추구한다는 점에서 「상법」상 회사와 공통점이 있으나, 협동조합은 조합원이 공동으로 소유하고 민주적인 운영구조를 가지고 있으며, 협동조합기본법에 의하여 지역사회에 공헌하도록 하고 있는 점 등에서 차이점이 있다.

〈표 1-2〉 협동조합과 회사의 비교

구분	협동조합	주식회사
적용법령	▸ 협동조합기본법	▸ 상법
목적	▸ 자주 · 자립 · 자치적 활동 촉진 ▸ 상생발전과 국민 삶의 질 향상	▸ 기획재정부장관(관계 부처) 인가

5) 주식회사란 자본금이 주식으로 분할되어 주식의 인수를 통해 출자하거나 기왕에 발행된 주식을 취득함으로써 주주가 되고, 주주는 주식의 인수가액의 한도에서 책임을 질 뿐 회사채무에 대해서는 직접 책임을 지지 않는 형태의 회사를 말한다(상업등기실무, 법원공무원교육원, 2021. 2.).

6) 유한회사는 상호신뢰가 있는 비교적 소수의 사원이 주식회사의 특징인 유한책임제도를 이용하면서 상행위 기타 영리를 목적으로 하여 설립한 법인으로(상법 제169조), 주식회사에 비하여 폐쇄적인 성격을 띠는 회사이다(상업등기실무, 법원공무원교육원, 2021. 2.).

7) 유한책임회사는 내부적으로는 조합의 실체를 가진 인적 회사이면서 대외적으로는 사원 전원이 유한책임을 부담하는 회사이다(상업등기실무, 법원공무원교육원, 2021. 2.).

8) 합명회사는 회사의 재산으로써 회상의 채무를 완제할 수 없는 경우 각 사원이 회사의 채권자에 대하여 직접 · 연대 · 무한책임을 부담하는 2인 이상의 무한책임사원만으로 조직된 회사이다(상법 제212조).

9) 합자회사는 무한책임사원과 유한책임사원의 각 1명 이상으로 구성되는 회사이다. 무한책임사원은 합명회사의 사원과 같이 채무에 관해 회사의 채권자에 대해 연대하여 직접 무한의 책임을 부담한다. 이에 대비하여 유한책임사원은 회사채권자에 대해 직접 연대책임을 부담하지만 그 책임은 회사에 대한 출자의 가액을 한도로 한다(상업등기실무, 법원공무원교육원, 2021. 2.).

cf) 합자조합이란 업무집행자로서 조합의 채무에 대해 무한책임을 지는 조합원과 출자가액을 한도로 유한책임을 지는 조합원이 상호 출자하여 공동사업을 경영할 것을 약정함으로써 성립하는 상법상의 조합이다(상법 제86조의2).

구분	협동조합	주식회사
정의	▶ 조합원의 권익향상 ▶ 지역사회에 공헌하고자 하는 사업조직 ▶ (사회적)지역주민들의 권익 · 복리증진 등 관련사업 추진 ▶ 취약계층에 사회적서비스 및 일자리 제공	▶ 상행위 및 그 밖의 영리를 목적으로 하여 설립한 법인
설립목적 및 운영원칙	▶ 조합원의 경제적 이익 및 상호부조 ▶ 자발적 결성, 공동의 이익, 민주적 운영 ▶ 투기목적의 행위 금지 ▶ 소수 조합원의 이익을 위한 사업 금지 ▶ 다른 협동조합등과 상호협력 및 공동사업	▶ 영리 목적
공직선거 관련	▶ 특정정당 지지 금지	▶ 금지 규정 없음 * 정치자금법 등의 적용은 받음
의결권 및 선거권	▶ 출자좌수와 관계없이 1인 1표	▶ 1주 1표(주식회사) ▶ 1좌 1표(유한회사)
제명	▶ 일정기간 동안 협동조합 사업을 이용하지 아니한 경우 제명 가능	▶ 없음
사업	▶ 다음 사업을 반드시 포함 - 조합원에 대한 상담, 교육훈련 등 - 협동조합간 협동 - 협동조합의 홍보 및 지역에 기여 ▶ 사회적협동조합 - 지역사회 재생, 지역경제 활성화 및 권익증진 - 취약계층의 사회서비스 및 일자리 제공	▶ 22개 행위로 구분(상법 제46조) - 동산, 부동산, 유가증권 기타 재산의 매매 및 임대차 - 제조, 가공 또는 수산에 관한 행위 등
운영의 공개	▶ 사회적협동조합은 경영공시 자료 게재	▶ 주식회사는 경영 공개
적립금	▶ 잉여금의 10/100 이상을 법정적립금으로 적립 *사회적협동조합은 30/100 이상 법정적립	▶ 없음
배당	▶ 이용실적에 대한 배당은 전체 배당액의 50/100 이상이어야 함 ▶ 납입출자액에 대한 배당은 출자금의 10/100을 초과할 수 없음	▶ 주주총회의 결정사항

구분	협동조합	주식회사
잔여재산 처리	▶ 사회적협동조합은 해산시 부채 및 출자금을 변제하고 잔여재산은 연합회 등에 귀속	▶ 청산 규정에 따라 청산
자금조달 금융사업	▶ 사회적협동조합은 조합원에 대한 소액대출 및 상호부조(출자금 한도)	▶ 다양한 금융사업 가능(금융업법은 적용)
출자방식	▶ 조합원의 출자 및 우선출자[10]	▶ 채권 및 유상증자 등

(2) 사회적협동조합과 「민법」상 비영리법인

비영리법인이란 학술, 종교, 자선, 기예, 사교 기타의 영리가 아닌 사업을 목적으로 하는 법인으로서, 「민법」상 사단법인 및 재단법인, 「사립학교법」상 학교법인, 기타 특별법상 비영리법인이 있다.

비영리법인에 대하여는 일반법으로서 「민법」이 규율하고 있으며, 설립은 주무관청의 허가를 받도록 하고 있다. 비영리법인에 대하여는 조세의 감면, 경비의 보조 등 세법 및 기타 행정법상 특별한 보호와 더불어 주무관청에 보고, 사무의 검사 등의 감독이 이루어진다.

사회적협동조합은 영리 아닌 사업을 목적으로 하고 주무관청의 인가를 받아야 하며 법인세 감면 및 감독이 이루어진다는 점에서 「민법」상 비영리법인과 공통점이 있으나, 사회적협동조합은 법에서 정하는 주사업을 40% 이상 수행하여야 한다는 점에서 차이점이 있다.[11]

---

10) 우선출자는 잉여금 배당에서 조합원 출자(보통출자)보다 우선적 지위(우선배당)를 가지는 출자로서 의결권과 선거권을 가지지 아니하는 출자를 말한다(주식회사의 우선주와 유사). 협동조합은 자기자본 확충을 위해서 우선출자 제도를 활용할 수 있다(2021. 9. 17. 네이버 검색).

11) 법 제93조(사업) ① 사회적협동조합은 다음 각 호의 사업 중 하나 이상을 주사업으로 하여야 한다. 〈개정 2014.1.21.〉

1. 지역(시 · 도의 관할 구역을 말하되, 실제 생활권이 둘 이상인 시 · 도에 걸쳐 있는 경우에는 그 생활권 전체를 말한다. 이하 이 호에서 같다) 사회의 재생, 지역 경제의 활성화, 지역 주민들의 권익 · 복리 증진 및 그 밖에 지역사회가

(3) 사회적기업 및 마을기업 등과의 관계

사회적기업이란 비영리법인과 단체, 조합, 상법상 회사 등의 조직 중에 「사회적기업 육성법」에서 정한 일정한 요건[12]을 충족하여 고용노동부장관의 인증을 받은 기업으로 사회적 목적을 우선적으로 추구하면서 재화와 서비스의 생산 및 판매 등 영업활동을 하는 기업을 말한다.

마을기업이란 마을 주민이 주도적으로 지역의 각종 자원을 활용한 수익사업을 추진하여 지역공동체를 활성화하고, 지역주민에게 소득과

당면한 문제 해결에 기여하는 사업

2. 대통령령으로 정하는 취약계층에 복지 · 의료 · 환경 등의 분야에서 사회서비스를 제공하는 사업
3. 대통령령으로 정하는 취약계층에 일자리를 제공하는 사업
4. 국가 · 지방자치단체로부터 위탁받은 사업
5. 그 밖에 공익증진에 이바지 하는 사업

② 제1항 각 호에 따른 주사업은 협동조합 전체 사업량의 100분의 40 이상이어야 한다. 〈개정 2014.1.21〉

12) 「사회적기업 육성법」 제8조(사회적기업의 인증 요건 및 인증 절차) ① 사회적기업으로 인증받으려는 자는 다음 각 호의 요건을 모두 갖추어야 한다. 〈개정 2012.2.1〉

1. 「민법」에 따른 법인 · 조합, 「상법」에 따른 회사 · 합자조합, 특별법에 따라 설립된 법인 또는 비영리민간단체 등 대통령령으로 정하는 조직 형태를 갖출 것
2. 유급근로자를 고용하여 재화와 서비스의 생산 · 판매 등 영업활동을 할 것
3. 취약계층에게 사회서비스 또는 일자리를 제공하거나 지역사회에 공헌함으로써 지역주민의 삶의 질을 높이는 등 사회적 목적의 실현을 조직의 주된 목적으로 할 것. 이 경우 그 구체적인 판단기준은 대통령령으로 정한다.
4. 서비스 수혜자, 근로자 등 이해관계자가 참여하는 의사결정 구조를 갖출 것
5. 영업활동을 통하여 얻는 수입이 대통령령으로 정하는 기준 이상일 것
6. 제9조에 따른 정관이나 규약 등을 갖출 것
7. 회계연도별로 배분 가능한 이윤이 발생한 경우에는 이윤의 3분의 2 이상을 사회적 목적을 위하여 사용할 것(「상법」에 따른 회사 · 합자조합인 경우만 해당한다)
8. 그 밖에 운영기준에 관하여 대통령령으로 정하는 사항을 갖출 것

☞ ⓐ 독립된 조직형태일 것 ⓑ 유급근로자 1명 이상 고용할 것 ⓒ 사회적 목적을 조직의 주된 목적으로 하며, 일자리 제공형이나 사회서비스 제공형 또는 지역사회 공헌형 중 하나에 부합할 것 ⓓ 이해관계자가 실질적으로 참여하는 의사결정구조를 갖출 것 ⑤ 정관에 법정 기재사항이 반드시 포함될 것 등

② 고용노동부장관은 사회적기업을 인증한 경우에는 그 사실을 관보에 게재하여야 한다.

일자리를 제공함으로써 지역주민의 삶의 질을 향상하는 것을 목적으로 하는 마을 단위의 기업이다.

협동조합 또는 사회적협동조합은 사회적기업이나 마을기업이 택할 수 있는 조직형태이기도 하다.

〈표 1-3〉 사회적협동조합과 다른 조직과의 비교

구분	사회적협동조합	사회적기업	마을기업
근거법령	▸ 협동조합기본법	▸ 사회적기업 육성법	▸ 마을기업육성사업지침
주무부처	▸ 기획재정부	▸ 고용노동부	▸ 행정안전부
사업내용	▸ 지역사회에 기여하는 사업 ▸ 위탁사업 ▸ 기타 공익증진에 기여하는 사업	▸ 취약계층에 일자리 · 사회서비스 제공 ▸ 지역사회 공헌	▸ 도농소득 · 일자리 창출 ▸ 지역사회 발전

7) 협동조합 관련 기관

(1) 기획재정부

협동조합기본법 관련 업무를 총괄한다. 협동조합 기본계획을 수립하고 협동조합정책심의위원회 및 시 · 도 협동조합정책협의회의를 운영한다.

소관 사회적협동조합의 설립인가, 협동조합연합회 설립신고 수리, 사회적협동조합연합회 설립인가 등의 업무를 담당한다.

(2) 중앙행정기관

소관 중앙행정기관 관련 사업을 수행하는 사회적협동조합에 대한 인가(설립 · 정관변경 · 합병 · 분할), 해산신고 수리, 청산사무의 감독, 해산등기 촉탁, 감독, 설립인가 취소, 청문, 과태료 부과 등의 업무를 담당한다.

(3) 지방자치단체

주된 사무소의 소재지 내 협동조합 설립신고 수리, 정관 등 설립신고 사항의 변경에 대한 신고수리, 벌칙 · 과태료 부과, 시 · 도 협동조합 정책협의회 위원으로 참가하여 정책을 협의하는 등의 업무를 담당한다.

(4) 한국사회적기업진흥원

협동조합 교류협력 · 경영지원 · 교육훈련 · 홍보에 관한 업무, 사회적협동조합 설립인가 신청 내용 확인, 협동조합 경영공시 내용 확인 등의 업무를 담당한다.

(5) 중간지원기관

협동조합 설립상담 및 인가지원, 협동조합 경영컨설팅 등 협동조합 설립 · 운영 지원(전국 16개소) 업무를 담당한다.

2. 협동조합등의 명칭

1) 근거법령

법 제3조(명칭)

① 협동조합은 협동조합이라는 문자를, 협동조합연합회는 협동조합연합회라는 문자를, 사회적협동조합은 사회적협동조합이라는 문자를, 사회적협동조합연합회는 사회적협동조합연합회라는 문자를, 이종협동조합연합회는 이종협동조합연합회라는 문자를 각각 명칭에 사용하여야 한다.

② 이 법에 따라서 설립되는 협동조합 · 사회적협동조합(이하 "협동조합등"이라 한다)과 이 법에 따라 설립되는 협동조합연합회 · 사회적협동조합연합회 · 이종협동조합연합회(이하 "협동조합연합회등"이라한다)는 대통령령으로 정하는 바에 따라 다른 협동조합등 및 협동조합연합회등의 명칭과 중복되거나 혼동되는 명칭을 사용해서는 아니 된다.
③ 이 법에 따라 설립된 협동조합등 및 협동조합연합회등이 아니면 제1항에 따른 문자 또는 이와 유사한 문자를 명칭에 사용할 수 없다.

법 시행령 제2조(명칭)
① 「협동조합 기본법」(이하 "법"이라 한다)에 따라 설립되는 협동조합 및 사회적협동조합(이하 "협동조합등"이라 한다)와 협동조합연합회 · 사회적협동조합연합회 · 이종협동조합연합회(이하 "협동조합연합회등"이라 한다)는 법 제3조 제2항에 따라 다음 각 호의 사항 등을 고려하여 다른 협동조합등 및 협동조합연합회등과 구별되는 명칭을 사용해야 한다.
1. 사업의 분야와 내용
2. 사업구역
3. 조합원의 구성
② 협동조합등 및 협동조합연합회등은 동일한 특별시 · 광역시 · 특별자치시 · 특별자치도 · 시 · 군에서 다른 협동조합등 및 다른 협동조합연합회등이 등기한 명칭을 사용해서는 안 된다.

상호 및 외국인의 성명등의 등기에 관한 예규(등기예규 제1598호)
제5조(로마자 등의 병기 방식)
① 로마자 등의 병기는 먼저 상호를 한글 등으로 등기(이하 "상호의 등기"라 한다)한 후 한 칸을 띄우고 그 오른쪽 옆에 괄호를 사용하여 기록한다.
【예시】 주식회사 에이비씨건설 (ABC Construction Co., Ltd.)

제6조(띄어쓰기)
① 상호의 등기를 할 때에는 회사의 종류를 표시하는 부분과 나머지 부분 사이를 한 칸 띄우고, 나머지 부분은 띄어쓰기를 하지 않고 붙여서 등기한다.
【예시】 주식회사 에이비씨식품, 갑을식품 주식회사

제7조(정관상 기재 방식과 등기)
① 상호의 등기와 로마자 등의 병기는 원칙적으로 그 정관상 기재와 동일하게 한다. 다만, 그렇게 할 수 없는 경우에는 다음 각 호와 같이 한다.
3. 상호는 정관상 띄어쓰기가 되어 있더라도 제6조 제1항에 따라 회사의 종류를 표시하는 부분과 나머지 부분 사이를 제외하고는 띄어쓰기를 하지 않고 붙여서 등기한다.

협동조합 및 사회적협동조합의 명칭에는 협동조합, 사회적협동조합이라는 문자를 반드시 포함하여야 한다.

협동조합등이라는 명칭의 위치는 앞・뒤 모두 가능하나, 신고할 때와 등기할 때의 협동조합의 위치가 동일하여야 한다(상호 및 외국인의 성명등의 등기에 관한 예규 제6조, 제7조).

'애플 협동조합' 또는 '애플 협동조합(APPLE cooperative)'과 같이 한글 또는 한글・영문 병기하여야 하며, 'APPLE 협동조합'과 같은 영문명칭만 사용하는 것은 허용되지 않는다(상호 및 외국인의 성명등의 등기에 관한 예규 제5조).

2) 명칭 사용의 금지사항

(1) 중복 또는 혼동되는 명칭 사용 금지

협동조합등은 다른 협동조합등과 중복되거나 혼동되는 명칭을 사용할 수 없다.

시・도 및 중앙부처는 협동조합의 설립신고 및 설립인가 신청이 있는 경우 대법원 인터넷 등기소에서 명칭이 중복으로 신청되었는지 여부를 확인하여야 한다.

명칭이 협동조합의 사업분야와 내용, 사업구역, 조합원 구성과 현저히 차이가 나는 경우에는 그 명칭을 조정하도록 권고하여야 한다.

(가) 명칭의 중복 금지

동일한 특별시・광역시・특별자치시・특별자치도・시・군에서 다른 협동조합이 등기한 명칭은 사용할 수 없다.

협동조합의 동일명칭 확인은 〈대법원 인터넷 등기소(iros.go.kr) →

법인등기 → 열람하기 → 상호로 찾기〉에서 명칭을 입력하여 동일성 여부를 검토하여야 한다.

(나) 명칭의 혼동 금지

사업구역과 사업분야 및 조합원 구성을 병기함으로써 다른 협동조합과 구별되는 명칭을 사용하여 명칭의 혼동을 최소화 하여야 한다.

사업구역과 사업분야 병기한 예로는 '부산 수제화 협동조합', '연제구 어린이집 협동조합', '부산 수산유통 협동조합' 등이다.

사업구역과 조합원의 구성 병기한 예로는 '부산 아동상담전문가 협동조합', '부산 행정사 협동조합', '기장 미역생산자 협동조합' 등이 있다.

'늘푸른 협동조합', '누리베이커리 협동조합' 등과 같이 고유명사만 사용하거나 고유명사와 업종 병기하는 것은 가능하다.

협동조합 중앙회, 중앙협회 협동조합, 전국연대 협동조합 등과 같이 사업이나 구역, 조합원의 성격에 대한 고려 없이 협동조합 전체를 대표하거나 연합회로 오인할 수 있는 명칭은 사용할 수 없다.

(2) 과태료 부과

다른 협동조합의 명칭과 중복되거나 혼동되는 명칭을 사용할 경우에는 대통령령으로 정하는 바에 따라 기획재정부장관 또는 시 · 도지사가 200만 원 이하의 과태료를 부과한다(법 제119조 제1항 제1호).

협동조합의 명칭이 중복 신청된 경우 관할 행정청은 특별한 사정이 없는 한 나중에 설립된 협동조합이 명칭을 변경하도록 시정명령을 내린 후 이에 불응할 경우에는 과태료를 부과한다.

3. 협동조합등의 법인격과 의무

1) 근거법령

법 제4조(법인격과 주소)

① 협동조합 · 협동조합연합회 및 제115조의8 제1항을 적용받는 이종협동조합연합회(같은 조 제2항에 해당하는 경우는 제외한다. 이하 같다)는 법인으로 한다.

② 사회적협동조합 · 사회적협동조합연합회 및 제115조의8 제2항을 적용받는 이종협동조합연합회는 비영리법인으로 한다.

③ 협동조합등 및 협동조합연합회등의 주소는 그 주된 사무소의 소재지로 하고, 정관으로 정하는 바에 따라 필요한 곳에 지사무소를 둘 수 있다.

법 제6조(기본원칙)

① 협동조합등 및 협동조합연합회등은 그 업무 수행 시 조합원등을 위하여 최대한 봉사하여야 한다. 〈개정 2020.3.31.〉

② 협동조합등 및 협동조합연합회등은 자발적으로 결성하여 공동으로 소유하고 민주적으로 운영되어야 한다. 〈개정 2020.3.31.〉

③ 협동조합등 및 협동조합연합회등은 투기를 목적으로 하는 행위와 일부 조합원등의 이익만을 목적으로 하는 업무와 사업을 하여서는 아니 된다. 〈개정 2020.3.31.〉

법 제7조(협동조합등의 책무) 협동조합등 및 협동조합연합회등은 조합원등의 권익 증진을 위하여 교육 · 훈련 및 정보 제공 등의 활동을 적극적으로 수행하여야 한다. 〈개정 2020.3.31.〉

법 제8조(다른 협동조합등과의 협력)

① 협동조합등 및 협동조합연합회등은 다른 협동조합, 다른 법률에 따른 협동조합, 외국의 협동조합 및 관련 국제기구 등과의 상호 협력, 이해 증진 및 공동사업 개발 등을 위하여 노력하여야 한다. 〈개정 2020.3.31.〉

② 협동조합등 및 협동조합연합회등은 제1항의 목적 달성을 위하여 필요한 경우에는 다른 협동조합, 다른 법률에 따른 협동조합 등과 협의회를 구성 · 운영할 수 있다. 〈개정 2020.3.31.〉

법 제9조(공직선거 관여 금지)

① 협동조합등 및 협동조합연합회등은 공직선거에서 특정 정당을 지지 · 반대하는 행위 또는 특정인을 당선되도록 하거나 당선되지 아니하도록 하는 행위를 하여서는 아니 된다. 〈개정 2020.3.31.〉

② 누구든지 협동조합등 및 협동조합연합회등을 이용하여 제1항에 따른 행위를 하여서는 아니 된다. 〈개정 2020.3.31.〉

법 제10조(국가 및 공공단체의 협력 등)

① 국가 및 공공단체는 협동조합등 및 협동조합연합회등의 자율성을 침해하여서는 아니 된다. 〈개정 2020.3.31.〉

② 국가 및 공공단체는 협동조합등 및 협동조합연합회등의 사업에 대하여 적극적으로 협조하여야 하고, 그 사업에 필요한 자금 등을 지원할 수 있다. 〈개정 2020.3.31.〉

③ 국가 및 공공단체는 협동조합등 및 협동조합연합회등의 의견을 듣고 그 의견이 반영되도록 노력하여야 한다. 〈개정 2020.3.31.〉

④ 국가 및 공공단체는 협동조합과 관련하여 국제기구, 외국 정부 및 기관과 교류 · 협력사업을 할 수 있다. 〈신설 2014.1.21.〉

법 제10조의2(경영 지원) 기획재정부장관은 협동조합등 및 협동조합연합회등의 설립 · 운영에 필요한 경영 · 기술 · 세무 · 노무(勞務) · 회계 등의 분야에 대한 전문적인 자문 및 정보 제공 등의 지원을 할 수 있다. 〈개정 2020.3.31.〉 [본조신설 2014.1.21.]

법 제10조의3(교육훈련 지원) 기획재정부장관은 협동조합등 및 협동조합연합회등의 설립 · 운영에 필요한 전문인력의 육성, 조합원등의 능력향상을 위하여 교육훈련을 실시할 수 있다. 〈개정 2020.3.31〉 [본조신설 2014.1.21]

2) 협동조합등의 법인격

협동조합과 협동조합연합회 및 제115조의8 제1항을 적용받는 이종협동조합연합회는 법인이며, 법인은 잉여금을 조합원에게 배당하는 것이 가능하다. 다만, 조합원에게 잉여금을 배당하지 않게 하는 것도 정관에 규정하는 등으로 가능하다.

사회적협동조합, 사회적협동조합연합회 및 제115조의8 제2항을 적용받는 이종협동조합연합회는 비영리법인이며, 비영리법인은 잉여금이 발생하더라도 조합원에 대한 배당하는 것은 금지된다.

한편 법인의 영리, 비영리 구분은 잉여금의 구성원 배당 여부에 따라 달라지며 수익사업과는 별개로 생각해야 한다. 비영리법인의 경우도 수익사업은 가능하다.

3) 협동조합등의 주소

주소는 주된 사무소와 지사무소로 구분된다.

주된 사무소란 주된 사무소의 소재지를 말하며, 지사무소란 주된 사무소 이외의 모든 사무소로써 정관으로 정하는 바에 따라 필요한 곳에 지사무소를 둘 수 있다.

정관상 주소는 특별시, 광역시, 특별자치시, 시 또는 군까지 명시하여야 한다(상업등기법 제29조). 예를 들면 '서울특별시', '부산광역시', '세종특별자치시', '경기도 하남시', '경상남도 김해시', '전라북도 전주시'와 같이 표시한다.

4) 협동조합등의 의무

(1) 기본원칙(법 제6조)

협동조합등은 업무를 수행할 때 조합원을 위하여 최대한 봉사하여야 하고, 자발적으로 결성하여 공동으로 소유하고 민주적으로 운영하여야 하며, 투기를 목적으로 하는 행위와 일부 조합원의 이익만을 목적으로 하는 업무와 사업이 금지된다.

(2) 협동조합의 교육훈련 및 상호협력(법 제7조 및 제8조)

협동조합등 및 사회적협동조합등은 조합원의 권익증진을 위하여 교육훈련 및 정보 제공 등의 활동을 적극적으로 수행하여야 하며, 협동조합은 다른 협동조합, 다른 법률에 따른 협동조합, 외국의 협동조합 및 관련 국제기구 등과의 상호협력, 이해증진 및 공동사업 개발 등을 위하여 노력하여야 한다.

정관에 조합원(또는 회원에 속한 조합원)과 직원에 대한 상담, 교육·훈련 및 정보 제공, 협동조합 간 협력사업을 반드시 포함하여야 한다(법 제45조, 제80조).

(3) 공직선거 관여 금지(법 제9조)

협동조합등 및 사회적협동조합등은 공직선거(대통령선거·국회의원선거·지방의회의원 및 지방자치단체의 장의 선거)에서 특정 정당을 지지하거나 반대하는 행위 또는 특정인을 당선되도록 하거나 당선되지 않도록 하는 행위는 금지된다.

협동조합을 이용하여 공직선거에서 특정 정당에 대한 지지와 반대하는 행위 및 특정인을 당선되도록 하거나 당선되지 않도록 하는 행위는 금지되며(개인명의의 정치자금 기부는 가능), 이를 위반하여 공직선거에 관여한 자는 2년 이하의 징역 또는 2천만 원 이하의 벌금에 처한다(법 제117조 제3항 제1호).

4. 협동조합등에 관한 정책적 지원

1) 근거법령

법 제11조(협동조합에 관한 정책)

① 기획재정부장관은 협동조합에 관한 정책을 총괄하고 협동조합의 자율적인 활동을 촉진하기 위한 기본계획(이하 "기본계획"이라 한다)을 3년마다 수립하여야 한다.

② 기본계획에는 다음 각 호의 내용이 포함되어야 한다. 〈개정 2020.3.31.〉

1. 협동조합등 및 협동조합연합회등을 활성화하기 위한 기본방향
2. 협동조합등 및 협동조합연합회등을 활성화하기 위한 관련 법령과 제도의 개선
3. 협동조합등 및 협동조합연합회등의 발전 전략 및 기반 조성에 관한 사항
4. 협동조합등 및 협동조합연합회등의 상호협력 및 협동조합 정책과 관련된 관계 기관 간 협력에 관한 사항
5. 제6항에 따른 협동조합 실태조사의 결과 및 협동조합 정책의 개선에 관한 사항
6. 그 밖에 협동조합을 활성화하기 위한 여건 조성에 관한 사항

③ 기획재정부장관은 제1항과 제2항에 따라 협동조합에 관한 정책을 총괄하고 기본계획을 수립할 때 관계 중앙행정기관의 장과 협의하여야 하고, 특별시장 · 광역시장 · 특별자치시장 · 도지사 · 특별자치도지사(이하 "시 · 도지사"라 한다), 관계 기관 및 단체의 장에게 의견의 제출을 요청할 수 있다. 이 경우 그 요청을 받은 자는 정당한 사유가 없으면 그 요청에 따라야 한다. 〈개정 2020.6.9.〉

④ 기획재정부장관은 협동조합에 관한 정책과 협동조합의 자율적인 활동 등에 관한 사항에 대하여 대통령령으로 정하는 바에 따라 시 · 도지사와 협의 · 조정할 수 있다.

⑤ 제1항부터 제4항까지의 규정에 따른 협동조합에 관한 정책 총괄 및 기본계획의 수립과 협의 · 조정 등을 위하여 필요한 사항은 대통령령으로 정한다.

⑥ 기획재정부장관은 기본계획을 수립한 경우 지체 없이 국회 소관 상임위원회에 제출하고, 이를 공표하여야 한다. 〈신설 2020.3.31.〉

⑦ 기획재정부장관은 협동조합의 활동현황 · 자금 · 인력 및 경영 등에 관한 실태파악을 위하여 2년마다 실태조사를 실시한 후 그 결과를 공표하고, 국회 소관 상임위원회에 보고하여야 한다. 〈개정 2020.3.31.〉

⑧ 관계 중앙행정기관의 장 또는 시 · 도지사는 제7항에 따른 실태조사를 위하여 필요한 자료를 기획재정부장관에게 제출하여야 한다. 〈개정 2020.3.31〉 [전문개정 2014.1.21.]

법 제11조의2(협동조합정책심의위원회)

① 협동조합의 정책에 관한 주요 사항을 심의하기 위하여 기획재정부장관 소속으로 협동조합정책심의위원회(이하 "심의회"라 한다)를 둔다.

② 심의회는 다음 각 호의 사항을 심의한다. 〈개정 2020.3.31.〉

1. 기본계획의 수립 · 변경에 관한 사항
2. 협동조합등 및 협동조합연합회등의 설립 · 합병 · 분할의 신고 또는 인가에 관련된 사항
3. 협동조합등 및 협동조합연합회등의 관리 · 감독에 관련된 사항
4. 협동조합 정책과 관련된 관계 행정기관과의 협의 · 조정 등에 관련된 사항
5. 그 밖에 협동조합과 관련된 법 · 제도의 개선 등 협동조합등 및 협동조합연합회등의 활성화를 위하여 대통령령으로 정하는 사항

③ 심의회의 위원장은 기획재정부차관이 되며, 위원은 다음 각 호의 위원으로 구성한다.

1. 대통령령으로 정하는 관계 중앙행정기관의 고위공무원단에 속하는 공무원
2. 협동조합에 관한 학식과 경험이 풍부한 사람 중에서 기획재정부장관이 위촉하는 사람

④ 제1항부터 제3항까지에서 규정한 사항 외에 심의회의 구성 및 운영 등에 필요한 사항은 대통령령으로 정한다. [본조신설 2014.12.30]

2) 제3차 협동조합 기본계획(2020~2022년)

(1) 추진방향

비전	COOP 2.0 시대로의 도약

목표	협동조합의 성장기반 확립 및 정체성 강화		
	성과지표	2018년도	2022년도
	평균출자금	5,744만 원	8,000만 원
	평균매출액	3,700만 원	6억 원
	취약계층 고용비율	42.3%	45%
	연합회 · 협의회 가입률	39.9%	60%

전략		
전략	Advance 새로운 영역으로 확장	▶ 새로운 시장으로 진출 지원 ▶ 혁신형 협동조합 모델 발굴 ▶ 협동조합 스케일업을 통한 성장지원
	Band 협동조합간 연대 강화	▶ 연합회 역할 강화 ▶ 협동조합간 연대 촉진 ▶ 자율규제 강화
	Community 지역사회 중심 운영	▶ 지역 전달체계 개선 ▶ 자치단체 사업 참여 확대 ▶ 자치단체 추진체계 공고화
	Deregulation 차별해소를 위한 제도개선	▶ 진입제한 완화 및 동등한 혜택 제공 ▶ 기존 정부지원 사업과 연계 ▶ 금융조달 애로사항 해소
	Education 교육 및 홍보의 내실화	▶ 준비된 창업을 위한 사전교육 강화 ▶ 현장 · 참여형 교육 확대 ▶ 협동조합의 사회적 가치 홍보

(2) 5대 전략별 주요내용

(가) Advance : 새로운 영역으로 확장

미래 인구변화, 4차 산업혁명 시대 급격한 시장 변화에 대응한 협동조합 특화모델을 발굴하고, 협동조합 스케일업[13] 지원

① 돌봄 협동조합, 프리랜서 협동조합, 노동자협동조합 전환 모델 등 협동조합 특화모델을 육성

▸ (**돌봄 협동조합**) 미래 인구변화에 대비한 아동 · 노인 돌봄 분야 진출 활성화

▸ (**프리랜서 협동조합**) 플랫폼 노동자, 문화예술인 등 프리랜서들이 협동조합 방식으로 사회안전망을 강화할 수 있도록 조직화 및 운영 지원

▸ (**노동자협동조합 전환**) 후계자 없는 기업, 경영위기 기업 등을 노동자들이 인수하여, 협동조합으로 전환할 수 있도록 지원기관 운영 및 제도개선 추진

② 사업연합 · 합병, 성공모델의 복제 · 확산 등으로 규모화 할 수 있도록 성장지원을 강화

(나) Band : 협동조합간 연대 강화

협동조합 간 연대를 통해 자생(自生), 자립(自立), 자정(自淨)이 이루어지는 생태계 조성으로 협동조합 정체성 고양

---

13) 스케일업이란 창업 단계와 성장 단계 사이에 존재하는 캐즘*을 극복하고 본격적인 성장가도에 진입한 스타트업을 말한다. 스타트업의 높은 성장률과 고용 창출력에 착안하여 이와 같은 기업이 성장하도록 지원하는 것에 사회가 주목하면서 스케일업이란 용어를 사용하기 시작했다. (*캐즘이란 처음에는 사업이 잘되는 것처럼 보이다가 더 이상 발전하지 못하고 마치 깊은 수렁에 빠지는 것과 같은 심각한 정체 상태에 이른 것을 말한다.) (2021. 9. 25. 네이버 검색)

▶ 교육·컨설팅 등 협동조합 지원사업 체계를 연대조직 중심으로 개편하고, 이종 협동조합 공동사업 발굴·확산, 공제사업 활성화 등을 통한 연대 촉진

(다) Community : 지역사회 중심 운영

자치단체를 지원체계의 허브로 재편하여 지역주민이 함께하는 지역사회 중심의 협동조합 운영구조 구축

▶ 중앙정부와 지방정부의 중간지원기관 통합·연계, 시·도협의회 활성화 등 지역 전달체계 및 추진체계 개선

▶ 지역 맞춤형 협동조합 사업모델 개발을 지원하며, 공공시장 진출 역량 강화를 위한 맞춤형컨설팅 추진

(라) Deregulation : 차별해소를 위한 제도개선

일반 기업과 동등한 경쟁을 할 수 있도록, 차별적인 규제를 해소하고 기존 법인(상법상 회사 등) 위주의 법·제도 개선

▶ 협동조합 진입이 제한되는 차별적 법·제도를 개선(장애인법령상 장애인 기업 인정범위에 장애인 협동조합과 전통시장법령 상 상인조직 유형에 시장상인이 조합원인 협동조합 포함)

▶ 유사 조직(사회적기업등)에 준하는 혜택 제공(사회적협동조합이 제공하는 교육·보건 용역에 대한 부가세 면제, 사회적협동조합연합회의 사회서비스 또는 일자리 제공사업에 대한 지정기부금 인정)

▶ 우선출자제도 및 사회적금융 활성화, 내부조달 강화 등 금융조달 애로해소를 위한 다양한 방안 마련

(마) Education : 교육 및 홍보 내실화

사전 교육, 현장·체험 중심의 교육을 통해 협동조합의 내실 있는 성장 지원

▸ 협동조합 실태조사 개편을 통해 정확한 통계에 기반한 협동조합의 성과관리 및 홍보 강화

5. 다른 법률과의 관계 및 준용

1) 다른 법률과의 관계

협동조합등에 관한 준거법이 되는 「협동조합기본법」과 다른 법률과의 관계는 협동조합의 운영과 관련하여 매우 중요한 문제이다. 같은 특별법 영역으로 규정이 서로 부딪히는 경우가 있을 수 있기 때문이다. 이 법과 다른 법률과의 관계는 다음과 같다.

다른 법률에 따라 설립되었거나 설립되는 협동조합에 대하여는 이 법을 적용하지 않는다(법 제13조 제1항). 즉 농협 · 수협 · 엽연초생산협동조합 · 중소기업협동조합 · 신용협동조합 · 소비자생활협동조합 · 산림조합 · 새마을금고 등 기존의 8개 개별법에 의한 협동조합에 대하여는 「협동조합기본법」이 적용되지 않는다.

협동조합의 설립 및 육성과 관련되는 다른 법령을 제정하거나 개정하는 경우에는 이 법의 목적과 원칙에 맞도록 하여야 한다(법 제13조 제2항).

협동조합의 사업은 관계 법령에서 정하는 목적 · 요건 · 절차 · 방법 등에 따라 적법하고 타당하게 시행하여야 한다(법 제45조 제2항).

「협동조합기본법」은 협동조합이라는 법인격을 부여하고 설립 · 운영에 관한 기본적인 사항을 정하는 조직법으로 협동조합이 사업을 수행할 경우 관계 법령의 규정을 준수하여야 한다.

예를 들어 어린이집 운영을 위해서는 보건복지부 소관 「영유아보육법」, 운수사업 운영을 위해서는 국토교통부 소관 「여객자동차운수사업법」이 정하는 바에 따라 필요한 요건과 절차 등을 거쳐야 한다.

법 시행령 제5조에 해당하는 협동조합의 행위에 대하여는 「독점규제 및 공정거래에 관한 법률」은 적용되지 않는다(법 제13조 제3항). 공정거래위원회 예규상 불공정거래행위 심사면제 대상인 안전지대[14)]를 탄력적으로 운영함으로써 협동조합간의 건전한 협력을 활성화하기 위한 목적에 따른 것이다.

다만, 불공정거래행위 등 일정한 거래분야에서 부당하게 경쟁을 제한하는 경우에는 「독점규제 및 공정거래에 관한 법률」이 적용된다.

한편 「독점규제 및 공정거래에 관한 법률」의 적용이 제외되는 협동조합은 ❶ 소규모사업자 또는 소비자의 상부상조를 목적으로 할 것, ❷ 임의로 설립되었고 조합원 또는 회원이 임의로 가입하거나 탈퇴할 수 있을 것, ❸ 각 조합원 또는 회원이 평등한 의결권을 가질 것, ❹ 조합원 또는 회원에게 이익을 배분하는 경우에는 그 한도가 정관에 정해져 있을 것 등의 요건을 갖추어야 한다.

협동조합연합회, 사회적협동조합연합회 및 이종협동조합연합회의 공제사업에 관하여는 「보험업법」의 적용이 제외된다(법 제13조 제4항). 즉 「보험업법」에 따른 허가, 내부 통제기준, 모집관련 준수사항, 자산운용 원칙, 감독 등의 규정이 적용되지 않는다.

14) 안전지대란 사업자의 시장점유율이 10% 미만일 때 불공정거래행위에 해당하더라도 공정거래위원회가 원칙적으로 심사를 개시하지 않는 심사면제 대상을 말한다(2021. 9. 26. 네이버 검색).

2) 다른 법률의 준용

협동조합, 협동조합연합회 및 제115조의8 제1항을 적용받는 이종협동조합연합회에 관하여 「협동조합기본법」에서 규정한 사항 외에는 「상법」 제1편 총칙, 제2편 상행위, 제3편 제3장의2 유한책임회사에 관한 규정이 준용된다.

'상인'은 '협동조합 · 협동조합연합회 및 제115조의8 제1항을 적용받는 이종협동조합연합회'로, '사원'은 '조합원등'으로 간주된다.

〈상법을 준용하는 주요 규정〉

상법 제1편 총칙을 준용하는 규정	
제4조	자기명의로 상행위를 하는 자를 협동조합등이라고 함
제21조	동일한 영업에는 단일상호 사용, 지점의 상호에는 본점과의 종속관계 표시
제23조	① 부정한 목적으로 타인의 영업으로 오인할 수 있는 상호사용 금지 ② 제1항의 규정에 위반하여 상호를 사용하는 자가 있는 경우에 이로 인하여 손해를 받을 염려가 있는 자 또는 상호를 등기한 자는 그 폐지 청구 가능
제29조	협동조합등은 영업상의 재산 및 손익의 상황을 명백히 하기 위하여 회계장부 및 대차대조표 작성
제33조	협동조합등은 10년간 상업장부와 영업에 관한 중요서류 보존 다만, 전표 또는 이와 유사한 서류는 5년간 보존
제37조	등기할 사항을 등기하지 아니하면 선의의 제3자에 대항하지 못함
상법 제2편 상행위를 준용하는 규정	
제54조	상행위로 인한 채무의 법정이율은 연 6%로 함
제64조	상행위로 인한 채권은 다른 규정이 없는 한 5년간 행사하지 않으면 시효소멸 완성
상법 제3편 제3장의2 유한책임회사를 준용하는 규정	
제287조의7	조합원등의 책임은 이 법에 따른 다른 규정이 있는 경우 외에는 그 출자금액을 한도로 함
제287조의32	협동조합등의 회계는 일반적으로 공정하고 타당한 회계관행에 따름

사회적협동조합, 사회적협동조합연합회 및 제115조의8 제2항을 적용받는 이종협동조합연합회에 관하여 「협동조합기본법」에서 규정한 사항 외에는 「민법」 제1편 제3장 법인에 관한 규정이 준용된다.

'사단법인'은 '사회적협동조합·사회적협동조합연합회 및 제115조의8 제2항을 적용받는 이종협동조합연합회'로, '사원'은 '조합원등'으로, '허가'는 '인가'로 간주된다.

〈 민법을 준용하는 주요 규정 〉

민법 제1편 제3장 법인을 준용하는 규정	
제37조	법인의 사무는 주무관청이 검사·감독
제51조	법인이 그 사무소를 이전하는 때에는 구소재지에서는 3주간 내에 이전등기를 하고, 신소재지에서는 같은 기간 내에 등기하여야 함
제52조의2	이사의 직무집행을 정지하거나 직무대행자를 선입하는 가처분을 하거나 그 가처분을 변경·취소하는 경우에는 주사무소와 분사무소가 있는 곳의 등기소에서 이를 등기하여야 함
제61조	이사는 선량한 관리자의 주의로 그 직무를 행하여야 함
제63조	법인과 이사의 이익이 상반하는 사항에 관하여는 이사는 대표권이 없으며, 특별대리인을 선임하여야 함
제65조	이사가 그 임무를 해태한 때에는 그 이사는 법인에 대하여 연대하여 손해배상의 책임이 있음
제87조	청산인의 직무는 다음과 같으며, 이를 행하기 위하여 필요한 모든 행위를 할 수 있음 1. 현존사무의 종결 2. 채권의 추심과 채무의 변제 3. 잔여재산의 인도
제88조	청산인은 취임한 날로부터 2월 내에 3회 이상의 공고로 채권자에 대하여 일정한 기간 내에 그 채권을 신고할 것을 최고하여야 하고, 그 기간은 2월 이상이어야 함

제 2 장 협동조합

제2장 협동조합

1. 의의

협동조합이란 재화 또는 용역의 구매, 생산, 판매, 제공 등을 영위함으로써 조합원의 권익을 향상하고 지역사회에 공헌하고자 하는 사업조직이다(법 제2조 제1호).

협동조합의 주요 특징은 다음과 같다.

법인격은 (영리)법인이고, 주된 사무소의 소재지 관할 시 · 도지사에게 설립신고를 하여야 하며, 설립신고가 수리된 경우에는 접수일로부터 20일 이내에 신고확인증이 발급된다.

협동조합의 기관으로는 총회, 대의원총회(임의적), 이사회가 있으며, 조합원은 자연인뿐만 아니라 법인도 가입이 가능하다. 임원은 이사장 1명을 포함하여 3명 이상의 이사와 1명 이상의 감사로 구성된다.

출자한도는 조합원 1인의 출자좌수가 총 출자좌수의 30% 이내이어야 하고, 1인 1표의 의결권과 선거권을 가진다.

사업은 금융 및 보험업을 제외한 모든 사업의 수행이 가능하며, 조합원에 대한 교육과 협동조합간의 협력, 홍보 및 지역사회를 위한 사업이 필수적으로 포함되어 있어야 한다.

매 회계연도의 사업계획서와 수지예산서를 작성하여야 하며, 조합원수 200인 이상 또는 직전 사업연도의 결산보고서에 적힌 출자금 납입총액이 30억 원 이상인 협동조합은 경영공시 의무 대상이 된다.

법정적립금으로 해당 회계연도말 기준 출자금 납입총액의 3배에 이를 때까지 잉여금의 10% 이상을 적립하여야 하고, 잉여금에 대한 배당이 가능하다.

2. 협동조합의 설립

1) 근거법령

법 제15조(설립신고 등)

① 협동조합을 설립하려는 경우에는 5인 이상의 조합원 자격을 가진 자가 발기인이 되어 정관을 작성하고 창립총회의 의결을 거친 후 주된 사무소의 소재지를 관할하는 시 · 도지사에게 신고하여야 한다. 신고한 사항을 변경하는 경우에도 또한 같다.

② 시 · 도지사는 제1항에 따른 신고 또는 변경신고를 받은 날부터 20일 이내에 신고수리 또는 변경신고수리 여부를 신고인에게 통지하여야 한다.

③ 시 · 도지사가 제2항에서 정한 기간 내에 신고수리 또는 변경신고수리 여부나 민원 처리 관련 법령에 따른 처리기간의 연장을 신고인에게 통지하지 아니하면 그 기간(민원 처리 관련 법령에 따라 처리기간이 연장 또는 재연장된 경우에는 해당 처리기간을 말한다)이 끝난 날의 다음 날에 신고수리 또는 변경신고수리를 한 것으로 본다.

④ 창립총회의 의사는 창립총회 개의 전까지 발기인에게 설립동의서를 제출한 자 과반수의 출석과 출석자 3분의 2 이상의 찬성으로 의결한다.

2) 발기인 모집

발기인이란 법인설립의 발기행위에 참여하여 설립업무 일체를 추진하는 자로서 정관에 기명날인한 자를 의미한다.

5인 이상의 조합원 자격을 가진 자가 발기인이 되어 정관을 작성한다(법 제15조 제1항). 여기서 조합원의 자격을 가진 자란 협동조합의 설립목적에 동의하고, 조합원으로서의 의무를 다하고자 하는 자를 말한다(법 제20조).

발기인은 정관(안)과 사업계획서(안)을 작성하고, 설립동의자로부터 설립동의서 및 개인정보 제공 및 활용동의서를 받은 후 창립총회를 개최하여야 한다.

설립동의자의 개인정보는 협동조합 설립신고 업무 진행, 출자금 확인 및 관리를 위한 개인식별과 설립동의자명부 및 조합원명부 작성 등을 위해 활용할 수 있다(개인정보보호법 제15조, 협동조합기본법 시행령 제33조).

개인정보 중 주민등록번호는 법령에서 구체적으로 주민등록번호의 처리를 요구하거나 허용한 경우 등 개인정보보호법 제24조의2 제1항에 해당되는 경우에만 처리할 수 있으므로, 설립업무가 완료되면 즉시 주민등록번호를 파기하여야 한다.

3) 정관 작성

정관이란 협동조합의 조직형태, 운영방법 및 사업활동 등에 관한 기본적인 사항을 규정한 최고의 자치법규이다. 법정서식은 없으나, 법 제16조(정관) 제1항의 필수 기재사항은 반드시 포함하여야 한다.

법 제16조의 정관을 작성할 때 필수적 기재사항은 다음과 같다

① 목적

② 명칭 및 주된 사무소의 소재지

③ 조합원 및 대리인의 자격

④ 조합원의 가입, 탈퇴 및 제명에 관한 사항

⑤ 출자 1좌의 금액과 납입 방법 및 시기, 조합원의 출자좌수 한도

⑥ 우선출자에 관한 사항

⑦ 조합원의 권리와 의무에 관한 사항
⑧ 잉여금과 손실금의 처리에 관한 사항
⑨ 적립금의 적립방법 및 사용에 관한 사항
⑩ 사업의 범위 및 회계에 관한 사항
⑪ 기관 및 임원에 관한 사항
⑫ 공고의 방법에 관한 사항
⑬ 해산에 관한 사항
⑭ 출자금의 양도에 관한 사항
⑮ 그 밖에 총회 · 이사회의 운영 등에 필요한 사항

4) 설립동의자 모집

설립동의자란 조합원 자격을 갖춘 자로서 창립총회 전까지 발기인에게 설립동의서를 제출한 자로서 발기인이 포함된다.

5) 창립총회 공고

협동조합의 설립신고를 하려는 자는 창립총회 개최 전 7일 이상 공고를 하여야 한다. 일간지 게재, 벽보 게시, 조합의 인터넷 홈페이지(정관에 사이트 주소 명시해야 함) 등 조합원 자격이 있는 자가 쉽게 알 수 있는 방법으로 공고하여야 한다.

의사록 공증 및 설립등기 과정에서 공고 사실을 증명하는 서류를 요구할 수 있으므로 공고 게시 사진 등 증빙자료 준비를 하는 것이 좋다.

공고 당일과 총회 개최일은 공고기간 계산에 포함되지 않는다.

공고기간 7일 미만 등 창립총회 공고절차 또는 공고사항 등에 명백한 하자가 있을 경우 시 · 도지사가 반려하므로 주의하여야 한다.

다만, 공고기간이 7일 미만이더라도 설립동의자 전원이 창립총회에 참석하고, 총회 소집에 대해 이의를 제기하지 않은 경우에는 그 요건을 충족한 것으로 본다.

창립총회 공고사항으로는 ❶ 창립총회 일시 및 장소, ❷ 조합원의 자격요건, ❸ 창립총회에서 의결하여야 할 사항이다.

6) 창립총회 개최

창립총회에서 필수적으로 의결할 사항은 ❶ 정관, ❷ 사업계획 및 예산, ❸ 임원의 선출(이사장은 이사 선출 후, 이사 중에서 선출), ❹ 설립경비 등 설립에 필요한 사항(주사무소 세부 소재지 확인 포함)이다.

창립총회의 의사(議事)는 창립총회 개회 전까지 발기인에게 설립동의서를 제출한 자 과반수의 출석과 출석자 3분의 2 이상의 찬성으로 의결하여야 하며, 창립총회의 의사에 관하여는 의사록을 작성하여야 한다.

7) 설립신고

법 시행령 제7조(협동조합 등의 설립신고와 변경신고)

① 법 제15조 제1항 전단에 따라 협동조합의 설립신고를 하려는 자는 설립신고서에 기획재정부령으로 정하는 서류를 첨부하여 특별시장 · 광역시장 · 특별자치시장 · 도지사 · 특별자치도지사(이하 "시 · 도지사"라 한다)에게 제출하여야 한다.

협동조합 설립신고서(법 시행규칙 별지 제2호 서식)에 법 시행규칙 제5조 제2항의 서류를 첨부하여 주된 사무소의 소재지를 관할하는 특별시장 · 광역시장 · 특별자치시장 · 도지사 · 특별자치도지사에게 설립신고를 하여야 한다.

조례로 시·도지사가 시·군·구청장에게 설립신고 업무를 위임한 경우 시·군·구청장에게 설립신고를 하게 할 수 있다.

설립신고를 접수한 담당자는 협동조합 행정시스템에 신고 내용을 즉시 등재하여야 하며, 이로써 시·도지사는 기획재정부장관에의 통보를 갈음한다(법 제15조 제5항).

8) 신고확인증 발급

법 시행령 제8조(신고확인증의 발급 등)

② 시·도지사는 제7조 제1항에 따른 설립신고서에 적어야 할 사항이 누락되거나 첨부서류를 제출하지 아니하는 등 법 제15조에 따른 설립신고에 보완이 필요할 때에는 20일 이내의 기간을 정하여 보완을 요구하여야 한다. 이 경우 보완된 설립신고서를 제출받았을 때에는 제출받은 날부터 14일 이내에 신고확인증을 발급하여야 한다.

③ 시·도지사는 다음 각 호의 어느 하나에 해당하는 경우에는 법 제15조에 따른 설립신고를 반려할 수 있다.

1. 협동조합의 설립 절차가 법령에 위반되는 경우
2. 정관과 사업계획서의 내용이 법령에 위반되는 경우
3. 제2항 전단에 따른 보완 요구에도 불구하고 정해진 기간 이내에 보완을 하지 아니하는 경우

시·도지사는 설립신고를 받은 날부터 20일 이내에 신고수리 여부를 신청인에게 통지하여야 하고, 신고수리 여부 또는 민원처리 관련 법령에 따른 처리기간의 연장을 신청인에게 통지하지 아니하면 그 기간이 끝난 날의 다음 날에 신고를 수리한 것으로 본다.

시·도지사는 보완을 요구하거나 반려하는 경우를 제외하고는 접수일로부터 20일 이내에 설립신고확인증(법 시행규칙 제8호 서식)을 발급한다.

다만, 시 · 군 · 구청장에게 설립신고 업무가 위임된 경우 시 · 군 · 구청장 명의로 신고확인증이 발급된다.

민원처리 기간 계산

민원처리에 관한 법률 제19조(처리기간의 계산), 동법 시행령 제20조(처리기간에 산입하지 아니하는 기간) 및 행정절차법 시행령 제11조(처리기간에 산입하지 아니하는 기간)을 살펴보면 다음과 같다.

(1) 민원 처리에 관한 법률 제19조(처리기간의 계산) ② 민원의 처리기간을 6일 이상으로 정한 경우에는 "일"단위로 계산하고 첫날을 산입하되, 공휴일과 토요일은 산입하지 아니한다.

(2) 민원 처리에 관한 법률 시행령 제20조(처리기간에 산입하지 아니하는 기간) 민원의 처리기간에 산입하지 아니하는 기간에 관하여는 「행정절차법 시행령」 제11조를 준용한다.

(3) 행정절차법 시행령 제11조(처리기간에 산입하지 아니하는 기간)

① 법 제19조 제5항의 규정에 의하여 처리기간에 산입하지 아니하는 기간은 다음 각 호의 1에 해당하는 기간을 말한다.

1. 신청서의 보완에 소요되는 기간(보완을 위하여 신청서를 신청인에게 발송한 날과 보완되어 행정청에 도달한 날을 포함한다)
2. 접수 · 경유 · 협의 및 처리하는 기관이 각각 상당히 떨어져 있는 경우 문서의 이송에 소요되는 기간
3. 법 제11조 제2항의 규정에 의하여 대표자를 선정하는데 소요되는 기간
4. 당해 처분과 관련하여 의견청취가 실시되는 경우 그에 소요되는 기간
5. 실험 · 검사 · 감정, 전문적인 기술검토 등 특별한 추가절차를 거치기 위하여 부득이하게 소요되는 기간
6. 행정안전부령이 정하는 선행사무의 완결을 조건으로 하는 경우 그에 소요되는 기간

민원처리에 관한 법률 등에 따라 민원 처리기한에 산입하지 아니하는 경우는 다음과 같다.

① 신고확인증 발급 처리기간에 공휴일과 토요일은 산입되지 않음 (민원처리에 관한 법률 시행령 제20조)

② 신청서의 보완에 소요되는 기간(행정절차법 시행령 제11조)

③ 특별한 추가절차를 거치기 위하여 부득이하게 소요되는 기간(행정절차법 시행령 제11조)

한편 설립신고에 대하여는 ❶ 협동조합의 설립절차가 법령에 위반되는 경우, ❷ 정관과 사업계획서의 내용이 법령에 위반되는 경우, ❸ 보완요구에도 불구하고 정해진 기간 내에 보완하지 않는 경우는 반려가 가능하다는 점을 유의하여야 한다(법 시행령 제8조).

9) 설립사무의 인계

발기인은 신고확인증을 발급 받으면 지체 없이 그 사무를 이사장에게 인계하여야 한다(법 제18조 제1항).

10) 출자금 납입

협동조합 이사장은 발기인 대표로부터 사무를 인수하면 기일을 정하여 조합원이 되고자 하는 자에게 출자금을 납입하게 하여야 한다(법 제18조 제2항).

이사장 명의의 계좌로 출자금을 납입하며, 등기할 때 출자금 납입영수승 또는 은행에서 발급한 잔액증명서를 제출하여야 한다(설립신고서상 출자금 납입총액과 통장잔고가 일치하여야 한다).

이사장은 협동조합 설립등기가 완료되면 법인명의의 통장을 개설하고 출자금을 이체하여야 한다.

현물출자자는 납입기일 안에 출자목적인 재산을 인도하고 등기·등록, 그 밖의 권리의 이전에 필요한 서류를 구비하여 협동조합에 제출하여야 한다.

11) 설립등기

법 제61조(설립등기)

① 협동조합은 출자금의 납입이 끝난 날부터 14일 이내에 주된 사무소의 소재지에서 설립등기를 하여야 한다.

출자금 납입이 끝난 날로부터 14일 이내에 주된 사무소의 소재지에 협동조합설립등기를 하여야 하며, 협동조합은 등기를 함으로써 비로소 성립한다.

출자금의 납입이란 출자자명부에 기재된 출자금 총액에 해당하는 금액을 납입하는 것을 의미한다.

협동조합이 설립등기를 게을리한 경우에는 100만 원 이하의 과태료가 부과된다(법 제119조 제3항 제1호).

12) 사업자등록

사업개시일로부터 20일 이내에 사업장 소재지 관할 세무서장에게 사업자등록 신청을 하여야 하며, 사업개시 전에도 사업자등록 신청을 할 수 있다(부가가치세법 제8조).

사업개시일이란 제조업의 경우 제조를 개시하는 날, 기타의 경우 재화 또는 용역의 공급을 개시하는 날 등을 의미한다.

사업자등록 신청일로부터 3일 이내에 사업자등록증을 교부함이 원칙이나, 현지 확인이 필요한 경우에는 1주일 정도가 소요되는 경우도 있다.

주거하는 주택을 주된 사무소로 할 수는 있으나, 주택은 주된 사무소로 인정되지 않을 수도 있으므로 사업을 위한 전용 사무실을 확보하는 것이 유리하다.

다만, 제조업, 인쇄업 등의 경우 전용 공간이 반드시 있어야만 사업자등록이 가능하다.

사업자등록을 신청하는 경우 제출할 서류는 다음과 같다.

① 신고확인증 및 사업자등록신청서

② 정관 사본

③ 법인등기사항전부증명서(법인등기부등본이며, 등록신청자가 행정정보 공동이용정보 확인에 동의하지 아니하는 경우에만 제출)

④ 법인명의 임대차계약서(사업장을 임차한 경우)

⑤ 출자자명세서

⑥ 사업허가증 · 등록증 · 신고필증(해당 법인에 한하며, 허가(등록 · 신고) 전에 등록하는 경우에는 허가신청서 또는 사업계획서 제출)

⑦ 자금출자명세서

⑧ 현물출자명세서(현물출자법인)

⑨ 위임장(대리 신청)

3. 협동조합의 조합원

1) 자격 및 가입

법 제20조(조합원의 자격) 조합원은 협동조합의 설립 목적에 동의하고 조합원으로서의 의무를 다하고자 하는 자로 한다.

법 제21조(가입)
① 협동조합은 정당한 사유 없이 조합원의 자격을 갖추고 있는 자에 대하여 가입을 거절하거나 가입에 있어 다른 조합원보다 불리한 조건을 붙일 수 없다.
② 협동조합은 제1항에도 불구하고 정관으로 정하는 바에 따라 협동조합의 설립 목적 및 특성에 부합되는 자로 조합원의 자격을 제한할 수 있다.

(1) 조합원의 자격

조합원이란 협동조합의 설립 목적에 동의하고 조합원으로서의 의무를 다하고자 하는 자(자연인 또는 법인)를 말한다.

협동조합은 정당한 사유 없이 조합원의 자격을 갖추고 있는 자에 대하여 가입을 거절하거나 가입에 있어 다른 조합원보다 불리한 조건을 붙일 수 없다.

다만, 정관으로 정하는 바에 따라 협동조합의 설립 목적 및 특성에 부합되는 자로 조합원 자격을 제한하는 것은 가능하다. 예를 들면, 직원협동조합의 경우 정관상 조합원의 자격을 '협동조합에 직원으로 재직할 것'으로 규정하는 경우이다.

(2) 조합원의 가입

협동조합 조합원 가입은 개인은 물론이고 국내법인, 외국법인 모두 조합원으로 가입이 가능하다. 다만, 외국법인의 경우 외국인 출자규제 관련 법률에 적합해야 한다.

외국인은 외국인등록번호가 있는 경우에는 조합원으로 가입할 수 있으며, 미성년자도 조합원으로 가입할 수는 있지만 「민법」에 따라 법정대리인의 동의 절차가 반드시 필요하다.

공무원은 「국가공무원 복무규정」 제25조 및 「지방공무원 복무규정」 제10조에 따라 협동조합의 임직원이 되는 것은 허용되지 않으나, 공무원이 협동조합의 조합원으로 가입하는 것은 공무원 복무규정 등 관계 법령을 위반하지 않는 범위 내에서는 가능하다.

공공기관 상임임원 및 직원은 「공공기관의 운영에 관한 법률」 제37조에 따라 협동조합의 임직원이 되는 것은 허용되지 않으나, 관계 법령과 단체협약 및 취업규칙 등을 위반하지 않는 범위 내에서는 조합원 가입이 가능하다.

지방자치단체는 「지방재정법」 제18조에 따라 출자가 제한되므로 조합원으로 가입할 수 없다.

2) 출자 및 책임

법 제16조(정관)

② 제1항 제5호에 따른 출자 1좌의 금액은 균일하게 정하여야 한다.

법 제22조(출자 및 책임)

① 조합원은 정관으로 정하는 바에 따라 1좌 이상을 출자하여야 한다. 다만, 필요한 경우

정관으로 정하는 바에 따라 현물을 출자할 수 있다.
② 조합원 1인의 출자좌수는 총 출자좌수의 100분의 30을 넘어서는 아니 된다.
③ 조합원이 납입한 출자금은 질권의 목적이 될 수 없다.
④ 협동조합에 납입할 출자금은 협동조합에 대한 채권과 상계하지 못한다.
⑤ 조합원의 책임은 납입한 출자액을 한도로 한다.

---

(1) 출자

출자란 조합원이 조합의 운영에 소요되는 자금을 출연(出捐)하는 행위로 협동조합의 자본금은 조합원이 납입한 출자금의 총액으로 하고, 출자 1좌의 금액은 균일하게 정하여야한다.

조합원은 정관으로 정하는 바에 따라 1좌 이상을 출자하여야 하고, 최저 · 최고 출자금액에 대한 제한은 없으며, 조합원 1인의 출자좌수는 총 출자좌수의 30%를 넘어서는 안 된다.

조합원 1인이 출자좌수 제한을 초과하여 출자하는 경우 제한을 초과한 출자금은 출자금으로써의 효력은 인정된다 할 것이나, 200만 원 이하의 과태료가 부과될 수 있다(법 제119조 제2항 제1호).

(2) 현물출자

조합원은 필요한 경우 정관으로 정하는 바에 따라 현물출자를 할 수 있다.

현물출자의 경우 감정평가사의 평가를 받을 필요는 없으며, 정관에 객관적인 현물출자 자산의 평가방식(2인 이상의 감정평가사에 의한 감정평가액, 공시지가, 시가 등)의 기재로써 현물출자를 할 수 있다.

설립등기 시 현물출자가 있는 경우 현물출자재산인계서 또는 출자재산영수증(조합 명의로 발급 가능) 첨부하여야 한다.

(3) 출자금의 납부

출자금은 일시 또는 분할하여 납부할 수 있다. 다만, 분할 납부를 할 경우에는 출자금 분할 납부방법 및 시기는 정관으로 정하되 분할납부에 따른 조합원의 권리발생 시점을 명확히 규정할 필요가 있다.

(4) 출자금의 사용

출자금은 사업운영 등을 위해서면 사용할 수 있으며, 개인명의로는 사용이 금지된다.

인직원 또는 청산인이 사용목적 이외의 다른 용도로 자금을 사용하거나 투기를 목적으로 협동조합의 재산을 처분하거나 이용하여 협동조합에 손해를 끼친 때에는 7년 이하의 징역 또는 7천만 원 이하의 벌금에 처해질 수 있다(병과 가능, 법 제117조 제1항).

조합원이 납입한 출자금은 질권(質權)[1]의 목적이 될 수 없으며, 협동조합에 납입할 출자금은 협동조합에 대한 채권(債權)과 상계하지 못한다.

협동조합에 가입할 설립동의자가 협동조합에 대해 행사할 수 있는 자신의 채권과 상계 처리하여 출자금 납입을 갈음하는 행위 등을 금지함으로써 협동조합 운영의 기초가 되는 자본금(출자금납입총액)을 안정적으로 확보하고자 하는 취지이다.

(5) 출자금과 조합원의 책임

조합원의 책임은 납입한 출자액을 한도로 하므로 조합원에게 출자금 이외에 협동조합의 채무를 변제하도록 요구할 수 없다.

---

1) 질권이란 채권자가 채무담보로서 채무자나 제3자로부터 인수한 동산·권리를 채무변제가 있을 때까지 유치하여 채무변제를 강제하다가, 채무자가 변제하지 않을 경우 그 동산·권리를 현금화하여 우선적으로 담보 받을 수 있는 담보물권이다(민법 제329조, 제345조).

3) 의결권 및 선거권

법 제23조(의결권 및 선거권)
① 조합원은 출자좌수에 관계없이 각각 1개의 의결권과 선거권을 가진다.
② 조합원은 대리인으로 하여금 의결권 또는 선거권을 행사하게 할 수 있다. 이 경우 그 조합원은 출석한 것으로 본다.
③ 제2항에 따른 대리인은 다른 조합원 또는 본인과 동거하는 가족(조합원의 배우자, 조합원 또는 그 배우자의 직계 존속 · 비속과 형제자매, 조합원의 직계 존속 · 비속 및 형제자매의 배우자를 말한다. 이하 같다)이어야 하며, 대리인이 대리할 수 있는 조합원의 수는 1인에 한한다.
④ 제2항에 따른 대리인은 정관으로 정하는 바에 따라 대리권을 증명하는 서면을 협동조합에 제출하여야 한다.

(1) 1인 1표 의결권 및 선거권

협동조합의 조합원은 출자좌수에 관계없이 각각 1개의 의결권과 선거권을 가지며, 조합원의 의결권 및 선거권에 차등을 둔 경우에는 이를 무효로 하며 200만 원 이하의 과태료를 부과한다(법 제119조 제2항 제3호).

법인조합원의 경우에는 대표 또는 법인이 지정한 직무수행대리자가 의결권 및 선거권을 행사한다.

(2) 대리인의 선임

협동조합의 조합원은 대리인으로 하여금 의결권 또는 선거권을 행사하게 할 수 있으며, 이 경우 그 조합원은 출석한 것으로 간주된다.

대리인은 정관으로 정하는 바에 따라 대리권을 증명하는 서면(원본)을 협동조합에 제출하여야 하며, 대리인의 범위는 다른 조합원 또는 본인과 동거하는 가족이다(조합원의 배우자, 조합원 또는 그 배우자의 직계존속·비속과 형제자매, 조합원의 직계 존속·비속 및 형제자매의 배우자).

대리인이 대리할 수 있는 조합원의 수는 1인에 한하여 할 수 있다.

4) 탈퇴

법 제24조(탈퇴)

① 조합원은 정관으로 정하는 바에 따라 협동조합에 탈퇴의사를 알리고 탈퇴할 수 있다.

② 조합원이 다음 각 호의 어느 하나에 해당하면 당연히 탈퇴된다.

1. 조합원의 자격이 없는 경우
2. 사망한 경우
3. 삭제 〈2017. 8. 9.〉
4. 성년후견개시의 심판을 받은 경우
5. 조합원인 법인이 해산한 경우
6. 그 밖에 정관으로 정하는 사유에 해당하는 경우

③ 조합원지위의 양도 또는 조합원지분의 양도는 총회의 의결을 받아야 한다.

(1) 의의

탈퇴란 협동조합이 존속하는 중에 조합원이 조합원으로서의 지위를 이탈하는 것으로 탈퇴에 의하여 조합원으로서의 지위에서 갖고 있던 일체의 권리·의무를 상실한다.

조합원은 정관으로 정하는 바에 따라 협동조합에 탈퇴의사를 알리고 탈퇴할 수 있다.

(2) 당연탈퇴 사유

당연탈퇴란 조합원에게 기본법상 규정된 일정한 사유가 발생하는 경우 조합원이 당연히 탈퇴되는 것을 의미하며, 탈퇴는 ❶ 조합원의 자격이 없는 경우, ❷ 사망한 경우, ❸ 성년후견개시의 심판을 받은 경우, ❹ 조합원인 법인이 해산한 경우, ❺ 그 밖에 정관으로 정하는 사유로 당연탈퇴 된다.

(3) 조합원 지위 및 지분 양도에 대한 총회 의결

협동조합 조합원의 지위 및 지분의 양도는 총회에서 총 조합원 과반수의 출석과 출석자 과반수의 찬성으로 의결한다(법 제24조).

조합원의 지위의 양도는 조합원으로서 갖고 있던 권리(의결권 및 선거권, 사업의 이용, 배당 등)와 의무(선거운동의 제한, 겸직금지 등)를 새로운 조합원에게 양도하는 것을 의미한다.

조합원의 지분의 양도는 탈퇴 조합원이 갖고 있는 지분을 새로운 조합원에게 양도하는 것으로 지분의 양수인은 양수한 지분에 관하여 양도인의 권리・의무를 승계하며 조합원으로 가입하는 것을 의미한다.

5) 제명

법 제25조(제명)

① 협동조합은 조합원이 다음 각 호의 어느 하나에 해당하면 해당 조합원을 제명할 수 있다.

1. 정관으로 정한 기간 이상 협동조합의 사업을 이용하지 아니한 경우
2. 출자 및 경비의 납입 등 협동조합에 대한 의무를 이행하지 아니한 경우
3. 그 밖에 정관으로 정하는 사유에 해당하는 경우

② 협동조합은 제1항에 따라 조합원을 제명하고자 할 때에는 총회 개최 10일 전까지 해당 조합원에게 제명사유를 알리고, 총회에서 의견을 진술할 기회를 주어야 한다.

③ 제2항에 따른 의견진술의 기회를 주지 아니하고 행한 총회의 제명 의결은 해당 조합원에게 대항하지 못한다.

(1) 제명사유

제명이란 협동조합이 특정한 조합원에 대하여 조합원의 지위를 박탈하는 것을 말한다. 제명사유는 ❶ 정관으로 정한 기간 이상 협동조합의 사업을 이용하지 않은 경우, ❷ 출자, 경비의 납입 등 협동조합에 대한 의무를 이행하지 않은 경우, ❸ 그 밖에 정관으로 정하는 사유이다.

(2) 제명절차

총회 개최 10일 전까지 해당 조합원에게 제명사유를 알리고, 총회에서 의견을 진술할 기회를 부여하여야 한다. 의견진술의 기회를 주지 않고 행한 총회의 제명의결은 해당 조합원에게 대항하지 못한다.

총회에서 총 조합원 과반수의 출석과 출석자 3분의 2 이상 찬성의 의결로 제명한다.

6) 지분환급청구권과 환급정지

법 제26조(지분환급청구권과 환급정지)

① 탈퇴 조합원(제명된 조합원을 포함한다. 이하 이 조와 제27조에서 같다)은 탈퇴(제명을 포함한다. 이하 이 조와 제27조에서 같다) 당시 회계연도의 다음 회계연도부터 정관으로 정하는 바에 따라 그 지분의 환급을 청구할 수 있다.

② 제1항에 따른 지분은 탈퇴한 회계연도 말의 협동조합의 자산과 부채에 따라 정한다.

③ 제1항에 따른 청구권은 2년간 행사하지 아니하면 시효로 인하여 소멸된다.

④ 협동조합은 탈퇴 조합원이 협동조합에 대한 채무를 다 갚을 때까지는 제1항에 따른 지분의 환급을 정지할 수 있다.

(1) 지분환급청구권

탈퇴 및 제명 조합원은 탈퇴 및 제명 당시 회계연도의 다음 회계연도부터 정관에 정하는 바에 따라 그 지분의 환급 청구가 가능하며 총회의 의결을 필요로 한다.

지분이란 조합원이 협동조합에 대하여 가지는 몫을 표시하는 계산상의 금액으로 조합원의 출자지분은 출자금 등으로 구성된다.

지분은 탈퇴 및 제명한 회계연도 말의 협동조합의 자산과 부채에 따라 정해진다. 지분환급청구권은 2년간 행사하지 않으면 시효로 인하여 소멸하는 점을 주의하여야 한다.

(2) 환급정지

협동조합은 탈퇴 조합원이 협동조합에 대한 채무를 다 갚을 때까지 지분의 환급을 정지할 수 있다.

채무란 협동조합으로부터의 차입금, 선급금, 외상판매대금 등 협동조합에 대한 일체의 채무를 의미한다.

7) 탈퇴 조합원의 손실액 부담

법 제27조(탈퇴 조합원의 손실액 부담) 협동조합은 협동조합의 재산으로 그 채무를 다 갚을 수 없는 경우에는 제26조에 따른 지분의 환급분을 계산할 때 정관으로 정하는 바에 따라 탈퇴 조합원이 부담하여야 할 손실액의 납입을 청구할 수 있다. 이 경우 제26조 제3항을 준용한다.

협동조합의 재산으로 그 채무를 다 갚을 수 없는 경우에는 지분의 환급분을 계산할 때 정관으로 정하는 바에 따라 탈퇴 조합원이 부담하여야 할 손실액의 납입 청구를 할 수 있다.

즉 탈퇴한 조합원이 납입의무를 이행하지 않은 출자액의 범위 내에서 부담하여야 할 손실액에 대한 납입 청구를 할 수 있는 것이다.

4. 협동조합의 기관

1) 총회 · 대의원총회 · 이사회

(1) 총회

법 제28조(총회)
① 협동조합에 총회를 둔다.
② 총회는 이사장과 조합원으로 구성한다.
③ 이사장은 총회를 소집하며, 총회의 의장이 된다.
④ 정기총회는 매년 1회 정관으로 정하는 시기에 소집하고, 임시총회는 정관으로 정하는 바에 따라 필요하다고 인정될 때 소집할 수 있다.
⑤ 이사장은 총회 개최 7일 전까지 회의목적 · 안건 · 일시 및 장소를 정하여 정관으로 정한 방법에 따라 총회소집을 통지하여야 한다.

총회란 조합원 다수의 의사에 의하여 협동조합의 의사를 결정하는 협동조합의 필수기관 및 최고의사결정기관이다.

협동조합 총회는 이사장과 조합원으로 구성되며, 이사장이 총회를 소집하고 총회의 의장이 된다.

총회는 정기총회와 임시총회로 구분되며, 정기총회는 매년 1회 정관으로 정하는 시기에 소집하며, 사업계획 및 예산의 승인, 결산보고서 및 감사보고서 승인을 위하여 회계연도 종료 후 3개월 이내에 개최하는 것이 통상적이다.

임시총회는 정관으로 정하는 바에 따라 필요하다고 인정될 때 소집한다.

이사장은 총회 개최 7일 전까지 회의목적, 안건, 일시 및 장소를 정하여 정관으로 정한 방법에 따라 총회소집 통지하여야 한다.

조합원의 의결권을 대리 행사하는 것도 가능하나, 대리인 자격은 다른 조합원 또는 본인과 동거하는 가족에 한정된다. 다만, 총회 의결방법으로 서면결의는 불가능하다.

(2) 총회의 의결사항

법 제29조(총회의 의결사항 등)

① 다음 각 호의 사항은 총회의 의결을 받아야 한다.

1. 정관의 변경
2. 규약의 제정 · 변경 또는 폐지
3. 임원의 선출과 해임
4. 사업계획 및 예산의 승인
5. 결산보고서의 승인
6. 감사보고서의 승인
7. 협동조합의 합병 · 분할 · 해산 · 휴업 또는 계속
8. 조합원의 제명

8의2. 탈퇴 조합원(제명된 조합원을 포함한다)에 대한 출자금 환급

9. 다른 협동조합에 대한 우선출자
10. 총회의 의결을 받도록 정관으로 정하는 사항
11. 그 밖에 이사장 또는 이사회가 필요하다고 인정하는 사항

② 제1항 제1호, 제7호, 제8호, 제8호의2, 제9호의 사항은 총 조합원 과반수의 출석과 출석자 3분의 2 이상의 찬성으로 의결하며, 그 밖의 사항은 총 조합원 과반수의 출석과 출석자 과반수의 찬성으로 의결한다.

협동조합의 임직원 또는 청산인이 총회의 의결을 받아야 하는 사항에 대하여 의결을 받지 않고 집행한 경우에는 3년 이하의 징역 또는 3천만 원 이하의 벌금에 처한다(법 제117조 제2항 3호).

총 조합원 과반수의 출석과 출석자 3분의 2 이상의 찬성으로 의결할 수 있는 사항은 다음과 같다.

① 정관 변경

② 협동조합의 합병, 분할, 해산, 휴업 또는 계속

③ 조합원의 제명

④ 탈퇴 조합원(제명된 조합원 포함)에 대한 출자금 환급

⑤ 다른 협동조합에 대한 우선출자

총 조합원 과반수의 출석과 출석자 과반수의 찬성으로 의결할 수 있는 사항은 다음과 같다.

① 규약의 제정·변경 또는 폐지

② 임원의 선출과 해임

③ 사업계획 및 예산의 승인

④ 결산보고서의 승인

⑤ 감사보고서의 승인

⑥ 총회의 의결을 받도록 정관으로 정하는 사항

⑦ 그 밖에 이사장 또는 이사회가 필요하다고 인정하는 사항

(3) 대의원총회

법 제31조(대의원총회)

① 조합원 수가 대통령령으로 정하는 수를 초과하는 경우 총회를 갈음하는 대의원총회를 둘 수 있다.

② 대의원총회는 조합원 중에서 선출된 대의원으로 구성한다.
③ 대의원총회를 구성하는 대의원 정수는 대의원 선출 당시 조합원 총수의 100분의 10 이상이어야 한다. 다만, 그 대의원 총수가 100명을 초과하는 경우에는 100명으로 할 수 있다.
④ 대의원의 의결권 및 선거권은 대리인으로 하여금 행사하게 할 수 없다.
⑤ 대의원의 임기, 선출방법 및 자격 등 대의원총회의 운영에 필요한 사항은 정관으로 정한다.
⑥ 대의원총회에 관하여는 총회에 관한 규정을 준용하며, 이 경우 "조합원"은 "대의원"으로 본다. 다만, 대의원총회는 협동조합의 합병 · 분할 및 해산에 관한 사항은 의결할 수 없다.

대의원총회란 의사결정의 효율성을 위하여 총회에 갈음하여 협동조합의 의사를 결정하는 기관으로 조합원 중에서 선출된 대의원으로 구성되며, 조합원 수가 200인을 초과하는 경우 총회를 갈음하는 대의원총회를 구성할 수 있다(법 시행령 제9조).

대의원총회를 구성하는 대의원 정수는 대의원 선출 당시 조합원 총수의 10% 이상이다. 다만, 대의원 총수가 100명을 초과하는 경우에는 100명으로 정할 수 있다.

대의원의 의결권 및 선거권은 대리인이 행사할 수 없다. 협동조합의 합병 · 분할 및 해산에 관한 사항은 총회 의결사항이므로 대의원총회에서 의결할 수 없다.

총회에 관한 규정 중 ❶ 이사장과 대의원으로 구성되며 이사장이 의장이 되는 사항, ❷ 정기총회 및 임시총회에 관한 사항, ❸ 이사장은 총회 개최 7일 전까지 회의목적, 안건, 일시 및 장소를 정하여 정관으로 정한 방법에 따라 총회소집 통지에 관한 사항은 대의원총회에 준용할 수 있다.

(4) 이사회

법 제32조(이사회)
① 협동조합에 이사회를 둔다.
② 이사회는 이사장 및 이사로 구성한다.
③ 이사장은 이사회를 소집하고 그 의장이 된다.
④ 이사회는 구성원 과반수의 출석과 출석원 과반수의 찬성으로 의결하며, 그 밖에 이사회의 개의 및 의결방법 등 이사회의 운영에 관하여 필요한 사항은 정관으로 정한다.
⑤ 제1항에도 불구하고 조합원 수가 10인 미만인 협동조합은 총회의 의결을 받아 이사회를 두지 아니할 수 있다.

법 제33조(이사회의 의결사항) 이사회는 다음 각 호의 사항을 의결한다.
1. 협동조합의 재산 및 업무집행에 관한 사항
2. 총회의 소집과 총회에 상정할 의안
3. 규정의 제정 · 변경 및 폐지
4. 사업계획 및 예산안 작성
5. 법령 또는 정관으로 이사회의 의결을 받도록 정하는 사항
6. 그 밖에 협동조합의 운영에 중요한 사항 또는 이사장이 부의하는 사항

이사회란 협동조합의 업무집행에 관한 의사를 결정하는 기관으로 이사장 및 이사로 구성되고, 이사장은 이사회를 소집하고 그 의장이 된다. 구성원 과반수의 출석과 출석원 과반수의 찬성으로 의결한다.

이사회에서 의결할 수 있는 사항은 ❶ 협동조합의 재산 및 업무집행에 관한 사항, ❷ 총회의 소집과 총회에 상정할 의안, ❸ 규정의 제정 · 변경 및 폐지, ❹ 사업계획 및 예산안 작성이다.

조합원 수가 10인 미만인 협동조합은 총회의 의결을 받아 이사회를 두지 않을 수 있으며, 이 경우 정관에 법 제33조의 이사회의 의결사항 중 이사장이 결정할 사항과 총회에서 의결할 사항을 명시하여야 한다.

2) 임원

법 제34조(임원)

① 협동조합에 임원으로서 이사장 1명을 포함한 3명 이상의 이사와 1명 이상의 감사를 둔다.

② 이사의 정수 및 이사 · 감사의 선출방법 등은 정관으로 정한다.

③ 이사장은 이사 중에서 정관으로 정하는 바에 따라 총회에서 선출한다.

④ 조합원인 법인이 협동조합의 임원인 경우 그 조합원인 법인은 임원의 직무를 수행할 사람을 선임하고, 그 선임한 사람의 성명과 주소를 조합원에게 통지하여야 한다.

⑤ 제1항에도 불구하고 사업의 성격, 조합원 구성 등을 감안하여 대통령령으로 정하는 협동조합은 총회의 의결을 받아 감사를 두지 아니할 수 있다.

(1) 임원

협동조합의 임원은 이사장 1명을 포함한 3명 이상의 이사와 1명 이상의 감사로 구성된다. 정관으로 정하는 경우에는 조합원이 아닌 자도 임원으로 선출 될 수 있다.

협동조합의 이사장은 이사 중에서 총회에서 선출하여 하고, 조합원인 법인도 임원으로 선출 가능하다. 이 경우 임원의 직무를 수행할 사람을 선임하고, 그 선임한 사람의 성명과 주소를 조합원에게 통지하여야 한다.

다만, 법인세법 제109조에서 법인설립 시 세무서에 대표자의 성명이 기재된 서류를 제출하도록 되어 있으며, 국세청시스템상 자연인의 주민등록번호를 입력하도록 되어 있으므로 자연인을 이사장으로 선출하는 것이 원만한 업무처리를 위해서 좋다.

협동조합의 감사는 회사의 업무 및 회계에 대한 감사뿐만 아니라 이사 직무의 집행을 감사하는 것이 주된 직무이므로 자연인으로서의 의사능력이 필요하다.

(2) 임원의 임기

법 제35조(임원의 임기 등)
① 임원의 임기는 4년의 범위에서 정관으로 정한다.
② 임원은 연임할 수 있다. 다만, 이사장은 두 차례만 연임할 수 있다.
③ 결원으로 인하여 선출된 임원의 임기는 전임자의 임기종료일까지로 한다.

협동조합 임원의 임기는 4년의 범위에서 정관으로 정한다.

협동조합 이사장은 2번만 연임이 가능하며, 이사장을 제외한 임원은 연임 횟수에 대한 제한이 없다.

두 차례만 연임할 수 있다는 것은 최초 개시되는 임기(4년의 범위 내)를 제외하고 추가로 두 번 더 연임이 가능하다는 의미이다(임원의 임기가 4년, 2차에 걸쳐 연임하는 경우 최대 12년까지 재임 가능).

임원의 결원이 발생할 경우 특별한 사유가 없다면 전임임원이 신규 임원 선출 전까지 임원의 직무를 수행하도록 규정하는 것은 가능하다.

임원의 결원으로 인하여 선출된 임원의 임기는 전임자의 잔여임기로 하며, 새로운 임기를 시작할 수는 없다. 다만, 임기종료일이 얼마 남지 않은 경우 결원에 따른 임원을 선출하지 않을 수 있다.

3) 선거관리위원회의 구성 및 운영

법 제38조(선거관리위원회의 구성 · 운영)
① 협동조합은 임원 및 대의원 선거를 공정하게 관리하기 위하여 선거관리위원회를 구성 · 운영할 수 있다.
② 선거관리위원회의 기능 · 구성 및 운영 등에 관하여 필요한 사항은 정관으로 정할 수 있다.

협동조합은 임원 및 대의원 선거를 공정하게 관리하기 위하여 선거관리위원회 기능과 구성 및 운영 등에 관하여 필요한 사항을 정관으로 정할 수 있다.

선고관리위원회는 위원장 및 위원으로 구성되어 후보자의 자격심사, 선거인명부의 확정, 선거인자격 이의신청에 대한 판정, 선거 관련 분쟁 조정, 선거운동 방법 위반 여부의 심사, 위반 사례 발생에 대한 조치 등의 기능을 한다.

4) 임원 등의 결격사유

법 제36조(임원 등의 결격사유)

① 다음 각 호의 어느 하나에 해당하는 사람은 협동조합의 임원이나 제34조 제4항에 따른 임원의 직무를 수행할 사람이 될 수 없다.

1. 피성년후견인
2. 피한정후견인
3. 파산선고를 받고 복권되지 아니한 사람
4. 금고 이상의 실형을 선고받고 그 집행이 끝나거나(집행이 끝난 것으로 보는 경우를 포함한다) 집행이 면제된 날부터 3년이 지나지 아니한 사람
5. 금고 이상의 형의 집행유예를 선고받고 그 유예기간 중에 있는 사람
6. 금고 이상의 형의 선고유예를 받고 그 선고유예기간 중에 있는 사람

6의2. 「형법」 제303조 또는 「성폭력범죄의 처벌 등에 관한 특례법」 제10조에 규정된 죄를 범한 사람으로서 300만 원 이상의 벌금형을 선고받고 그 형이 확정된 후 2년이 지나지 아니한 사람

7. 법원의 판결 또는 다른 법률에 따라 자격이 상실 또는 정지된 사람

② 제1항 각 호의 사유가 발생하면 해당 임원이나 제34조 제4항에 따른 임원의 직무를 수행할 사람은 당연히 퇴직된다.

③ 제2항에 따라 퇴직된 임원이나 제34조 제4항에 따른 임원의 직무를 수행할 사람이 퇴직 전에 관여한 행위는 그 효력을 상실하지 아니한다.

임원에 대한 결격사유는 행정정보공동이용센터(www.share.go.kr) 'e 하나로 민원'의 결격사유 유무 조회를 통해서 조회할 수 있다.

법인이 임원인 경우 임원의 직무를 수행하도록 선임된 사람의 결격사유 여부를 확인할 수 있고, 결격사유 유무는 대상자의 등록기준지가 속한 기초자치단체에 의뢰하는 것도 가능하다.

외국인이 임원인 경우 국내체류기간에 대한 범죄경력만 조회가 가능하며, 해당 지방경찰청에 외국인의 성명, 외국인등록번호, 국적을 기재하여 범죄사실에 대한 조회를 의뢰할 수 있다.

5) 결격사유 발생의 효과

임원의 결격 사유가 발생하면 해당 임원이나 법인 임원의 직무를 수행할 사람은 당연히 퇴직된다.

그러나 퇴직된 임원이나 법인 임원의 직무를 수행한 사람이 퇴직 전에 관여한 행위는 그 효력을 상실하지 않는다.

6) 임원의 의무와 책임

법 제39조(임원의 의무와 책임)

① 임원은 이 법, 이 법에 따른 명령, 정관 · 규약 · 규정 및 총회와 이사회의 의결을 준수하고 협동조합을 위하여 성실히 그 직무를 수행하여야 한다.

② 임원이 법령 또는 정관을 위반하거나 그 임무를 게을리하여 협동조합에 손해를 가한 때에는 연대하여 그 손해를 배상하여야 한다

③ 임원이 고의 또는 중대한 과실로 그 임무를 게을리하여 제3자에게 손해를 끼친 때에는 제3자에게 연대하여 그 손해를 배상하여야 한다.

④ 제2항 및 제3항의 행위가 이사회의 의결에 의한 것일 때에는 그 의결에 찬성한 이사도

제2항 및 제3항의 책임이 있다.

⑤ 제4항의 의결에 참가한 이사로서 명백한 반대의사를 표시하지 아니한 자는 그 의결에 찬성한 것으로 본다.

(1) 임원의 의무

임원은 법령 및 총회 · 이사회의 의결을 준수하고 협동조합을 위하여 성실히 그 직무를 수행하여야 한다.

(2) 임원의 책임

협동조합의 임원이 법령 또는 정관을 위반하거나 그 임무를 게을리하여 협동조합에 손해를 가한 경우 연대하여 손해배상을 하여야 한다. 또한 임원이 고의 또는 중대한 과실로 그 임무를 게을리하여 제3자에게 손해를 끼친 경우에도 제3자에게 연대하여 손해배상을 하여야 한다.

아울러 협동조합의 임원이 협동조합이나 제3자에게 손해를 가한 행위가 이사회의 의결에 의한 것일 때에는 그 의결에 찬성한 이사도 연대하여 손해배상 책임을 진다.

협동조합의 임원이 협동조합이나 제3자에게 손해를 가한 행위에 해당되는 사항의 의결에 참가한 이사로서 명백한 반대의사를 표시하지 아니한 자는 그 의결에 찬성한 것으로 본다.

이와 비교하여 민법상의 법인[2]의 경우에는 대표자가 직무에 관하여 타인에게 손해를 가하여 법인의 불법행위가 성립한 때에는 피해자에 대하여 법인과 대표기관(개인)이 배상할 책임을 지며(민법 제35조 제1항 전문), 양자의 책임은 부진정연대채무[3] 관계에 있다.

---

2) 법인격이 비영리법인으로 인정되는 사회적협동조합이 이에 해당될 것이다(편집자 주).

3) 부진정연대채무(不眞正連帶債務)란 수인의 채무자가 동일한 내용의 급부에 관하여

이러한 경우 법인이 배상을 했다면 대표기관에 대하여 법인은 구상권을 행사할 수 있다(민법 제65조, 제61조).

또한 대표자가 직무와 무관하게 즉, 목적범위 외의 행위로 인하여 타인에게 손해를 가한 때와 같이 법인의 불법행위가 성립하지 않는 경우에는 대표기관만이 민법 제750조에 의한 손해배상책임을 지게 될 것이나,[4)] 민법은 피해자를 두텁게 보호하기 위하여 그 사항의 의결에 찬성하거나 그 의결을 집행한 사원 또는 이사 기타 대표자가 연대하여 배상하여야 한다고 규정하고 있다(민법 제35조 제2항).[5)]

7) 임원의 해임

법 제40조(임원의 해임)

① 조합원은 조합원 5분의 1 이상의 동의로 총회에 임원의 해임을 요구할 수 있다.

② 임원의 해임을 의결하려면 해당 임원에게 해임의 이유를 알리고, 총회에서 의견을 진술할 기회를 주어야 한다.

협동조합 임원의 해임에 관한 구체적인 사유는 법령에서 정하고 있지 않으나, 협동조합 관계 법령 및 정관을 위반할 때에는 해임할 수

각자 독립하여 전부의 급부를 하여야 할 채무를 부담하고, 그 중 1인의 이행으로 모든 채무자의 채무가 소멸하는 다수당사자의 채권관계로서, 민법상의 연대채무에 속하지 않는 것을 말한다. 연대채무자 사이에 부종성이 없으며, 채무자수만큼의 복수의 채무가 독립하여 존재하고, 채권만족이라는 공동의 목적이 있다는 점은 보통의 연대채무와 같으나, 연대채무자간의 출연분담에 관한 주관적 부담부분이 없어서 본래 의미의 부담부분 내지 구상관계가 존재하지 않는다(민법 Ⅰ, 법원공무원교육원, 2021. 2.).

4) 만일 그 행위로 인한 이익이 법인에게 귀속되었다면, 법인은 민법 제741조에 따라 부당이득반환의무를 부담하게 된다(민법 Ⅰ, 법원공무원교육원, 2021. 2.).

5) 대법원 2009. 1. 30. 선고 2006다37465 판결

있다.

임원의 해임절차는 ❶ 조합원은 조합원 5분의 1 이상의 동의로 총회에 임원의 해임을 요구하고, ❷ 협동조합은 해당 임원에게 해임의 이유를 알리고 총회에서 의견진술 기회를 부여하여야 하고, ❸ 총회는 총 조합원 과반수의 출석과 출석자 과반수의 찬성으로 임원의 해임을 결의할 수 있다.

8) 임원의 직무 관련 규정

법 제41조(이사장 및 이사의 직무)

① 이사장은 협동조합을 대표하고 정관으로 정하는 바에 따라 협동조합의 업무를 집행한다.
② 이사는 정관으로 정하는 바에 따라 협동조합의 업무를 집행하고, 이사장이 부득이한 사유로 직무를 수행할 수 없을 때에는 정관으로 정하는 순서에 따라 그 직무를 대행한다.
③ 제2항의 경우와 이사장이 권한을 위임한 경우를 제외하고는 이사장이 아닌 이사는 연합회를 대표할 수 없다.

법 제42조(감사의 직무)

① 감사는 협동조합의 업무집행상황, 재산상태, 장부 및 서류 등을 감사하여 총회에 보고하여야 한다.
② 감사는 예고 없이 협동조합의 장부나 서류를 대조 · 확인할 수 있다.
③ 감사는 이사장 및 이사가 이 법, 이 법에 따른 명령, 정관 · 규약 · 규정 또는 총회의 의결에 반하여 업무를 집행한 때에는 이사회에 그 시정을 요구하여야 한다.
④ 감사는 총회 또는 이사회에 출석하여 의견을 진술할 수 있다.

법 제43조(감사의 대표권)

① 협동조합이 이사장을 포함한 이사와 소송을 하는 때에는 감사가 협동조합을 대표한다.
② 제34조 제5항에 따라 감사를 두지 아니하는 협동조합이 제1항에 따른 소송을 하는 때에는 협동조합, 이사 또는 이해관계인은 법원에 협동조합을 대표할 자를 선임하여 줄 것을 신청하여야 한다.

법 제44조(임직원의 겸직금지)
① 이사장은 다른 협동조합의 이사장을 겸직할 수 없다.
② 이사장을 포함한 이사와 직원은 감사를 겸직할 수 없다.
③ 임원은 해당 협동조합의 직원을 겸직할 수 없다.
④ 제2항 및 제3항에도 불구하고 임원은 사업의 성격과 조합원의 구성 등을 고려하여 대통령령으로 정하는 바에 따라 직원을 겸직할 수 있다.
⑤ 협동조합의 임직원은 국회의원 또는 지방의회의원을 겸직할 수 없다.

법 시행령 제10조(협동조합 등 임직원의 겸직) 법 제44조 제4항(법 제79조에 따라 준용되는 경우를 포함하며, 이 경우 "협동조합"은 "협동조합연합회"로, "조합원"은 "전체 회원 조합에 속하는 총 조합원"으로 본다)에 따라 협동조합이 다음 각 호의 어느 하나에 해당하는 경우에는 해당 협동조합의 임원이 직원을 겸직할 수 있다.

1. 조합원의 3분의 2 이상이 직원이고, 조합원인 직원이 전체 직원의 3분의 2 이상인 경우(임원이 직원을 겸직하기 전의 시점을 기준으로 한다)
2. 조합원 수가 10인 이하인 경우
3. 그 밖에 협동조합의 규모 · 자산 · 사업 등을 고려하여 임원이 직원을 겸직할 필요가 있는 경우로서 기획재정부장관이 정하여 고시하는 경우

5. 협동조합의 사업

1) 사업의 내용

법 제45조(사업)
① 협동조합은 설립 목적을 달성하기 위하여 필요한 사업을 자율적으로 정관으로 정하되, 다음 각 호의 사업은 포함하여야 한다.

1. 협동조합의 홍보 및 지역사회를 위한 사업
2. 협동조합 간 협력을 위한 사업
3. 협동조합의 홍보 및 지역사회를 위한 사업

② 협동조합의 사업은 관계 법령에서 정하는 목적 · 요건 · 절차 · 방법 등에 따라 적법하고 타당하게 시행되어야 한다.
③ 협동조합은 제1항과 제2항에도 불구하고 「통계법」 제22조 제1항에 따라 통계청장이 고시하는 한국표준산업분류에 의한 금융 및 보험업을 영위할 수 없다.

---

(1) 협동조합은 설립 목적을 달성하기 위하여 필요한 사업을 자율적으로 정관으로 정하여야 한다.

협동조합은 정관상 설립 목적을 달성하기 위한 사업을 수행할 수 있으므로, 정관에 협동조합 고유의 설립목적을 구체적으로 기재하여야 한다.

정관상 사업이 협동조합의 설립 목적을 달성하기 위하여 필요한 사업인지 판단하여 그에 부합하는 사업을 정하여야 한다.

협동조합의 사업이 협동조합의 설립목적, 명칭, 조합원 구성 등과 맞지 않게 백화점식으로 나열되어 있는 경우에는 시 · 도지사 등은 그 보완을 요구하여야 한다.

(2) 필수 포함 사업

협동조합의 사업에는 ❶ 조합원과 직원에 대한 상담, 교육, 훈련 및 정보 제공 사업, ❷ 협동조합 간 협력을 위한 사업, ❸ 협동조합의 홍보 및 지역사회를 위한 사업을 반드시 포함하여야 한다.

(3) 협동조합의 사업은 관계 법령에서 정하는 목적, 요건, 절차, 방법 등에 따라 적법하고 타당하게 시행되어야 한다.

협동조합 사업을 개시하기 위해서는 「영유아보육법」, 「여객자동차 운수사업법」, 「의료법」, 「경비업법」 등 관련 사업을 관할하는 법에 따른 면허 및 허가를 받아야 한다.

협동조합은 「농지법」에 따라 농지구입이 불가능 하고, 「의료법」에 따라 안마원 운영이 불가능하므로, 협동조합으로 운영하고자 하는 사업이 관련 법령에 의하여 적법하고 타당한지 우선 확인하여야 한다.

협동조합은 「통계법」 제22조 제1항에 따라 통계청장이 고시하는 금융 및 보험업을 영위할 수 없으며, 통계청장이 고시하는 금융 및 보험업은 「한국표준산업분류」에 근거하고 있으며, 구체적인 업종은 한국표준산업분류에 의한 금융 및 보험업(통계청고시 제2017-13호)를 참조하면 된다.

협동조합의 장례서비스 제공 대상이 조합원으로 한정된 경우에는 「할부거래에 관한 법률」에 따른 선불식 할부거래업자에 해당하지 않는다.[6)7)]

---

6) (주)ㅇㅇㅇ의 선불식 할부거래업자 해당여부에 대한 협동조합의 조합원대상 상조사업 운영 관련 공정거래위원회의 유권해석을 살펴보면 다음과 같다.

1. 「할부거래에 관한 법률」은 할부계약 및 선불식 할부계약에 의한 거래를 공정하게 함으로써 소비자의 권익을 보호하는 것을 목적으로 하고 있으며, 선불식 할부계약이란 기본적으로 사업자와 소비자 간의 관계에서 이루어지는 법률행위임
2. ㅇㅇㅇ연합회 선불식 할부거래회사 설립규약 및 ㅇㅇㅇ협동조합연합회 상포계 규약 등에 따르면 ㈜ㅇㅇㅇ는 회원조합 조합원에게 상포계 서비스를 제공하는 것을 목적으로 귀 연합회가 100% 주식을 소유하는 형태로 설립된 회사이며, ㈜ㅇㅇㅇ를 통해 장례서비스를 제공하는 대상은 일반 소비자가 아닌 회원조합 조합원으로 한정되어 있는 것으로 보임
3. 따라서 현행 ㅇㅇㅇ협농조합연합회 정관, 선불식 할부거래회사 설립규약 및 상포계 규약에 의하면 ㈜ㅇㅇㅇ는 일반 소비자를 상대로 선불식 할부계약을 체결하고 있지 않으므로 「할부거래에 관한 법률」에 따른 선불식 할부거래업자에 해당하지 않는다고 판단됨

7) 「할부거래에 관한 법률」 제2조(정의) 이 법에서 사용하는 용어의 뜻은 다음과 같다. 〈개정 2015.7.24〉

2. "선불식 할부계약"이란 계약의 명칭 · 형식이 어떠하든 소비자가 사업자로부터 다음 각 목의 어느 하나에 해당하는 재화등의 대금을 2개월 이상의 기간에 걸쳐 2회 이상 나누어 지급하고 재화등의 공급은 대금의 전부 또는 일부를 지급한 후에 받기로 하는 계약을 말한다.

2) 사업의 이용

법 제46조(사업의 이용) 협동조합은 대통령령으로 정하는 사업을 제외하고는 조합원의 이용에 지장이 없는 범위에서 정관으로 정하는 바에 따라 조합원이 아닌 자에게 그 사업을 이용하게 할 수 있다.

법 시행령 제11조(협동조합 등의 조합원 등이 아닌 자의 사업 이용) 법 제46조 및 제81조 제1항에서 "대통령령으로 정하는 사업"이란 각각 다음 각 호의 어느 하나에 해당하는 사업을 말한다.

1. 법 제80조의2 제1항에 따른 공제사업
2. 그 밖에 협동조합 또는 협동조합연합회의 성격 · 유형 등을 고려하여 기획재정부령으로 정하는 사업

(1) 의의

사업의 이용이란 협동조합의 설립 목적 달성에 기여하는 것을 의미하며, 협동조합의 유형 및 조합원의 구성에 따라 다양한 사업의 이용이 나타난다.

예를 들면 소비자협동조합은 물품 또는 서비스를 구매하는 것이, 사업자협동조합은 공동판매, 공동자재 구매 등이, 직원협동조합은 직원으로 고용되는 것이 사업의 이용이 될 수 있다.

그러나 조합원의 권익향상을 목적으로 하는 협동조합도 조합원의 이용에 지장이 없는 범위에서 정관으로 정하는 바에 따라 조합원이 아

가. 장례 또는 혼례를 위한 용역(제공시기가 확정된 경우는 제외한다) 및 이에 부수한 재화

나. 가목에 준하는 소비자피해가 발생하는 재화등으로서 소비자의 피해를 방지하기 위하여 대통령령으로 정하는 재화등

4. "선불식 할부거래"란 선불식 할부계약에 의한 거래를 말하며, "선불식 할부거래업자"란 선불식 할부계약에 의한 재화등의 공급을 업으로 하는 자를 말한다.

닌 자에게도 사업을 이용하게 할 수는 있다.

잉여금을 배당하고자 하는 경우 협동조합 사업 이용실적에 대한 배당은 전체 배당액의 50% 이상이어야 한다(법 제51조 제3항).

(2) 협동조합의 유형에 따른 사업

(가) 소비자협동조합

소비자협동조합은 조합원의 소비생활 향상을 위한 물품의 구매 또는 서비스의 이용을 목적으로 하는 협동조합이다.

정관의 목적은 "○○협동조합은 …… 조합원이 필요로 하는 물품을 공동으로 구매하거나 조합이 공동으로 구성한 서비스를 공동으로 이용하는 것을 목적으로 한다"와 같이 하면 된다.

해양협동조합을 통한 스킨스쿠버장비 구매, 공동육아협동조합의 육아서비스 이용, 주택협동조합의 주택임대서비스 등이 그 예이다.

(나) 사업자협동조합

개별사업자들이 수익창출을 위해 공동판매, 공동자재 구매, 공동브랜드 사용 등을 목적으로 하는 협동조합이다.

정관의 목적은 "○○협동조합은 …… △△업(또는 ▽▽시장 등 조합원 구성에 적합한 문구로 적시)의 건전한 발전을 목적으로 한다"와 같이 하면 된다.

전통시장상인협동조합 조합원의 공동물류센터 이용, 자전거 협동조합 조합원의 자전거 부품 공동구매 등이 이에 해당한다.

(다) 직원협동조합

직원협동조합은 직원이 함께 조합을 소유하고 관리하며 안정적인 일자리를 늘려나가는 것을 목적으로 하는 협동조합이다.

정관의 목적은 "○○협동조합은 …… 직원이 함께 조합을 소유하고 관리하며, 일자리를 늘려나가는 것을 목적으로 한다"와 같이 하면 된다.

청소협동조합이 청소부를 직원으로 고용, 대리운전기사들이 대리운전협동조합을 설립하고 자신들이 대리운전기사가 되는 경우이다.

(라) 다중이해관계자협동조합

다중이해관계자협동조합은 둘 이상 유형의 조합원들의 경영개선 및 생활향상을 목적으로 하는 협동조합이다.

정관의 목적은 "○○협동조합은 …… 둘 이상 유형의 조합원들이 모여 조합원의 경영개선 및 생활향상을 목적으로 한다"와 같이 하면 된다.

도시락협동조합에서 도시락을 만들고(사업자 또는 자원봉사) 지역의 취약계층에게 도시락을 무료로 제공(후원자)하는 사업이 그 예이다.

6. 협동조합의 회계

1) 회계

(1) 회계연도

법 제47조(회계연도 등)

① 협동조합의 회계연도는 정관으로 정한다.

② 협동조합의 회계는 일반회계와 특별회계로 구분하되, 각 회계별 사업부문은 정관으로 정한다.

회계란 재산의 증감, 변동, 수입과 지출, 처리 등 재무에 대한 처리를 말하며, 회계연도란 수입과 지출을 구분하는 기간으로서 통상 1년을 1회계연도라고 한다.

협동조합의 회계는 일반회계와 특별회계로 구분하며, 각 회계별 사업부분은 정관으로 정한다.

일반회계는 협동조합의 일반적 업무활동에 관한 사항을 계산하고 정리하는 것이다.

특별회계는 특정사업을 운영할 때, 특별자금을 보유하거나 운영할 때, 일반회계와 구분하여 계산하여 정리할 필요가 있을 경우에 사용이 가능하다.

(2) 사업계획서와 수지예산서

이사회에서 매 회계연도의 사업계획서와 수지예산서를 작성하고, 총회에서 총 조합원 과반수의 출석과 출석자 과반수의 찬성으로 의결한다.

(3) 운영의 공개

법 제49조(운영의 공개)

① 협동조합은 다음 각 호의 사항을 적극 공개하여야 한다.

1. 정관과 규약 또는 규정
2. 총회 · 이사회의 의사록
3. 조합원명부
4. 회계장부
5. 그 밖에 정관으로 정하는 사항

② 협동조합은 제1항 각 호의 사항이 포함된 서류를 주된 사무소에 갖추어 두어야 한다.

③ 협동조합의 채권자 및 조합원은 제1항 각 호의 사항이 포함된 서류를 열람하거나 그 사본을 청구할 수 있다.

협동조합 운영의 공개사항은 ❶ 정관과 규약 또는 규정, ❷ 총회·이사회의 의사록, ❸ 조합원 명부, ❹ 회계장부, ❺ 그 밖에 정관으로 정하는 사항이다.

협동조합은 운영의 공개사항을 주된 사무소에 갖추어 두어야 하며, 협동조합의 채권자 및 조합원은 이를 열람하거나 그 사본을 청구할 수 있다.

원칙적으로 정보공개는 운영의 공개사항 중 조합원의 개인정보가 포함된 내용은 사전동의를 받아야 한다(개인정보보호법 제17조 제1항 1호).

다만, 예외적으로 ❶ 정보 공개로 조합원에게 불이익이 발생하지 않으며, ❷ 정보공개를 할 때 암호화 등 안전성 확보에 필요한 조치를 하는 등의 방법으로, ❸ 개인정보를 수집한 목적 범위에서 제공하는 경우에는 동의 없이 공개할 수 있다(개인정보보호법 제17조 제4항 및 동법 시행령 제14조의2).

협동조합의 임직원 또는 청산인이 서류비치를 게을리한 때, 운영의 공개를 게을리한 경우에는 100만 원 이하의 과태료가 부과된다(법 제119조 제3항 제2, 3호).

(4) 법정적립금 및 임의적립금

법 제50조(법정적립금 및 임의적립금)

① 협동조합은 매 회계연도 결산의 결과 잉여금이 있는 때에는 해당 회계연도말 출자금 납입총액의 3배가 될 때까지 잉여금의 100분의 10 이상을 적립(이하 "법정적립금"이라 한다)하여야 한다.

② 협동조합은 정관으로 정하는 바에 따라 사업준비금 등을 적립(이하 "임의적립금"이라 한다)할 수 있다.

③ 협동조합은 손실의 보전에 충당하거나 해산하는 경우 외에는 법정적립금을 사용하여서는 아니 된다.

(가) 법정적립금

법정적립이란 법령에 의해 적립이 강제되어 있는 적립금으로 협동조합은 매 회계연도 결산의 결과 잉여금이 있는 때에는 해당 회계연도말 출자금 납입총액의 3배가 될 때까지 잉여금의 10% 이상을 적립하여야 한다.

출자금 납입총액이란 조합원들이 출자한 출자금의 총액을 의미하며, 우선출자금액은 포함되지 않는다. 협동조합은 손실의 보전에 충당하거나 해산하는 경우 이외에는 법정적립금을 사용할 수 없다.

(나) 법정적립금 관련 용어

잉여금은 순재산액이 법정자본금을 초과하는 부분으로 회계상 당기순 이익이다.

잉여금의 종류는 자본거래를 통해 발생하는 자본잉여금과 영업활동 등 손익거래를 통해서 발생하는 이익잉여금이 있다.

순재산은 총자산으로부터 총부채를 뺀 것으로 자본준비금, 이익준비금, 이익잉여금 등의 합계액으로 자기자본[8]이라고도 한다.

법정자본금은 회사에 돈을 빌려준 채권자를 보호하기 위하여 회사가 유지하여야 할 최소한의 자본으로 협동조합의 경우 출자금 총액을 법정자본금으로 간주한다.

(다) 임의적립금

임의적립금이란 협동조합이 임의로 적립한 것으로 정관으로 정하는 바에 따라 적립이 가능하며 사업준비, 시설확장, 사업활성화, 결손보전 등으로 사용할 수 있다.

8) 자기자본은 출자금, 자본잉여금, 이익잉여금, 자본조정 및 기타 포괄손익누계액을 합산하여 산정한다(2021. 9. 26. 네이버 검색).

(5) 손실금의 보전

법 제51조(손실금의 보전과 잉여금의 배당)

① 협동조합은 매 회계연도의 결산 결과 손실금(당기손실금을 말한다)이 발생하면 미처분이월금, 임의적립금, 법정적립금의 순으로 이를 보전하고, 보전 후에도 부족이 있을 때에는 이를 다음 회계연도에 이월한다.

손실금(당기손실금)이란 총수익이 총비용보다 적은 경우 발생하는 금액이다.

회계연도의 결산 결과 당기손실금이 발생하면 미처분이월금, 임의적립금, 법정적립금의 순으로 이를 보전하고, 보전 후에도 부족이 있을 때에는 이를 다음 회계연도에 이월한다.

(6) 잉여금의 배당

법 제51조(손실금의 보전과 잉여금의 배당)

② 협동조합이 제1항에 따른 손실금을 보전하고 제50조에 따른 법정적립금 및 임의적립금 등을 적립한 이후에는 정관으로 정하는 바에 따라 조합원에게 잉여금을 배당할 수 있다.

③ 제2항에 따른 잉여금 배당의 경우 협동조합사업 이용실적에 대한 배당은 전체 배당액의 100분의 50 이상이어야 하고, 납입출자액에 대한 배당은 납입출자금의 100분의 10을 초과하여서는 아니 된다.

협동조합이 손실금을 보전하고 법정적립금 및 임의적립금 등을 적립한 이후에는 정관으로 정하는 바에 따라 조합원에게 잉여금 배당이 가능하다.

그러나 사업 이용실적에 대한 배당은 전체 배당액의 50% 이상이어야 하고, 납입출자에 대한 배당은 납입출자금의 10%를 초과할 수 없다.

배당세율은 배당소득의 14%(「소득세법」 제129조 제1항 제2호 나목)이며, 잉여금의 배당은 총회나 이사회의 필수의결사항이 아니므로 정관에 세부적으로 정하되, 모든 사항을 정관에 규정하기 어려운 경우에는 규약에서 일부를 정할 수도 있다.

(7) 결산보고서의 승인

법 제52조(결산보고서의 승인)

① 협동조합은 정기총회일 7일 전까지 결산보고서(사업보고서, 대차대조표, 손익계산서, 잉여금처분안 또는 손실금처리안 등을 말한다)를 감사에게 제출하여야 한다.

② 협동조합은 제1항에 따른 결산보고서와 감사의 의견서를 정기총회에 제출하여 승인을 받아야 한다.

결산보고서는 ❶ 사업결산보고서(법 시행규칙 별지 제9호 서식), ❷ 재무제표(대차대조표 또는 재무상태표, 손익계산서 등), ❸ 잉여금처분안 또는 손실금처리안 등이 있다.

결산보고서는 ❶ 협동조합은 정기총회일 7일 전까지 결산보고서를 감사에게 제출하고, ❷ 협동조합은 결산보고서와 감사의견서를 정기총회에 제출하여, ❸ 총 조합원 과반수의 출석과 출석자 과반수의 찬성으로 의결하여 승인을 얻는다.

2) 경영공시 관계 법령

법 제49조의2(경영공시)

① 대통령령으로 정하는 일정 규모 이상의 협동조합은 제15조에 따라 설립신고를 한 시·

도 또는 협동조합연합회의 인터넷 홈페이지에 경영에 관한 다음 각 호의 사항에 대한 공시(이하 이 조에서 "경영공시"라 한다)를 하여야 한다.

1. 정관과 규약 또는 규정
2. 사업결산 보고서
3. 총회, 대의원총회 및 이사회의 활동 상황
4. 제45조 제1항 제1호부터 제3호까지의 사업을 포함한 사업결과 보고서

② 제1항에도 불구하고 기획재정부장관은 경영공시를 대신하여 같은 항 각 호의 사항을 별도로 표준화하고 이를 통합하여 공시할 수 있다.

③ 기획재정부장관은 제2항에 따른 통합 공시를 하기 위하여 필요한 자료를 협동조합에 요구할 수 있다. 이 경우 협동조합은 특별한 사정이 없으면 그 요구에 따라야 한다.

④ 제1항부터 제3항까지에서 규정한 사항 외에 협동조합의 경영공시 또는 통합 공시의 절차 등에 관하여 필요한 사항은 대통령령으로 정한다.

법 시행령 제12조(협동조합 등의 경영공시)

① 법 제49조의2(법 제82조에 따라 준용되는 경우를 포함하며, 이 경우 "협동조합"은 "협동조합연합회"로, "조합원"은 "전체 회원 조합에 속하는 총 조합원"으로 본다. 이하 이 조에서 같다) 제1항에서 "대통령령으로 정하는 일정 규모 이상의 협동조합"이란 다음 각 호의 어느 하나에 해당하는 협동조합을 말한다.

1. 조합원 수가 200인 이상인 협동조합
2. 직전 사업연도의 결산보고서(법 제52조 제2항에 따라 정기총회의 승인을 받은 것을 말한다)에 적힌 출자금 납입총액이 30억 원 이상인 협동조합

② 협동조합은 조합원 수가 변경되어 제1항 제1호에 따른 조합원 수가 200인 이상인 협동조합이 된 경우에는 기획재정부장관에게 그 사실을 알려야 한다.

③ 제1항에 따른 협동조합은 매 회계연도의 결산일부터 4개월 이내에 법 제49조의2 제1항 각 호의 사항을 법 제49조의2 제2항에 따라 기획재정부장관이 지정하는 인터넷 사이트에 공시해야 한다.

법 시행규칙 제8조(협동조합 및 협동조합연합회의 경영공시)

① 영 제12조 제3항에 따라 공시하는 법 제49조의2 제1항 제2호의 사업결산 보고서는 별지 제9호서식과 같다.

② 영 제12조 제3항에 따라 공시하는 법 제49조의2 제1항 제3호의 총회, 대의원총회 및 이사회 활동 상황의 통합 공시서식은 별지 제10호서식과 같다.

③ 영 제12조 제3항에 따라 공시하는 법 제49조의2 제1항 제4호의 사업결과 보고서는 별지 제11호서식과 같다.

7. 협동조합의 해산 및 청산

1) 근거법령

법 제57조(해산)

① 협동조합은 다음 각 호의 어느 하나에 해당하는 사유로 해산한다.

1. 정관으로 정한 해산 사유의 발생
2. 총회의 의결
3. 합병 · 분할 또는 파산

② 협동조합이 해산한 때에는 청산인은 파산의 경우를 제외하고는 그 취임 후 14일 이내에 기획재정부령으로 정하는 바에 따라 설립신고를 한 시 · 도지사에게 신고하여야 한다.

법 제58조(청산인)

① 협동조합이 해산하면 파산으로 인한 경우 외에는 이사장이 청산인이 된다. 다만, 총회에서 다른 사람을 청산인으로 선임하였을 경우에는 그에 따른다.

② 청산인은 취임 후 지체 없이 협동조합의 재산상태를 조사하고 재산목록과 대차대조표를 작성한 다음 재산처분의 방법을 정하여 총회의 승인을 받아야 한다.

③ 청산사무가 종결된 때에는 청산인은 지체 없이 결산보고서를 작성하여 총회의 승인을 받아야 한다.

④ 제2항 및 제3항의 경우 총회를 2회 이상 소집하여도 총회가 구성되지 아니할 때에는 출석조합원 3분의 2 이상의 찬성이 있으면 총회의 승인이 있은 것으로 본다.

법 제59조(잔여재산의 처리)

① 협동조합이 해산할 경우 채무를 변제하고 잔여재산이 있을 때에는 정관으로 정하는 바에 따라 이를 처분한다.

법 제60조(「민법」 등의 준용) 협동조합의 해산과 청산에 관하여는 「민법」 제79 조, 제81조, 제87조, 제88조 제1항 · 제2항, 제89조부터 제92조까지, 제93조 제1항 · 제2항 및 「비송사건절차법」 제121조를 준용한다.

법 제66조(해산등기)

① 협동조합이 해산한 경우에는 합병과 파산의 경우 외에는 주된 사무소의 소재지에서는

14일 이내에, 지사무소의 소재지에서는 21일 이내에 해산등기를 하여야 한다.
② 제1항에 따른 해산등기를 할 때에는 청산인이 신청인이 된다.
③ 해산등기신청서에는 해산 사유를 증명하는 서류를 첨부하여야 한다.

법 제67조(청산인등기)
① 청산인은 그 취임일부터 14일 이내에 주된 사무소의 소재지에서 그 성명 · 주민등록번호 및 주소를 등기하여야 한다.
② 제1항에 따른 등기를 할 때 이사장이 청산인이 아닌 경우에는 신청인의 자격을 증명하는 서류를 첨부하여야 한다.

법 제68조(청산종결등기)
① 청산이 끝나면 청산인은 주된 사무소의 소재지에서는 14일 이내에, 지사무소의 소재지에서는 21일 이내에 청산종결의 등기를 하여야 한다.
② 제1항에 따른 등기신청서에는 제58조 제3항에 따른 결산보고서의 승인을 증명하는 서류를 첨부하여야 한다.

법 제70조(「비송사건절차법」등의 준용) 협동조합의 등기에 관하여 이 법에서 정한 사항 외에는 「비송사건절차법」및 「상업등기법」중 등기에 관한 규정을 준용한다.

법 시행규칙 제11조(협동조합 및 협동조합연합회의 해산신고)
① 법 제57조 제2항(법 제83조에서 준용하는 경우를 포함한다)에 따라 협동조합 및 협동조합연합회의 해산을 신고하려는 자는 별지 제14호 서식의 해산신고서에 해산을 결의한 총회 의사록 사본이나 정관으로 정한 해산 사유의 발생을 증명하는 서류를 첨부하여 기획재정부장관 또는 시 · 도지사에게 제출해야 한다.
② 제1항에 따른 신고서를 받은 기획재정부장관 또는 시 · 도지사는 「전자정부법」 제36조 제1항에 따른 행정정보의 공동이용을 통하여 법인 등기사항증명서를 확인하여야 한다.

2) 개념

(1) 해산

해산이란 존속할 이유를 잃은 협동조합이 본래의 권리능력을 상실하는 것을 의미한다. 즉 해산의결 이후에는 영업활동을 할 수 없으나,

청산이 종결될 때까지 청산의 목적범위 내에서 존속한다.

자연인이 사망하는 경우에는 바로 권리능력을 상실하고 재산관계는 상속에 의하여 상속인에게 이전되는데 반하여, 법인이 소멸하는 경우에는 상속과 같은 포괄적인 승계가 존재하지 않는다.

따라서 법인은 재산관계를 포함한 종래의 법률관계를 종결시키는 단계적인 절차가 필요한데, 그 첫 번째 절차가 해산이고, 해산에 의해 법인은 고유의 활동이 정지된다.

(2) 청산

청산이란 합병·분할 또는 파산 이외의 사유로 해산한 협동조합이 잔무를 처리하고 재산을 정리하여 협동조합의 법인격을 완전히 없애는 절차이다.

법인이 해산되면 법인 고유의 활동을 정지되고, 청산사무가 종결되어 법인이 소멸할 때까지 청산의 목적범위 내에서만 권리가 있고 의무를 부담하는 청산법인으로 존재한다.

3) 해산사유(법 제57조 제1항)

1. 정관으로 정한 해산사유의 발생
2. 총회의 의결(총 조합원 과반수의 출석과 출석자 3분의 2 이상의 찬성으로 의결)
3. 합병·분할 또는 파산

〈표 2-1〉 해산절차의 흐름도

해산총회 및 청산인 취임	■ 해산의결 및 청산인(이사장 원칙) 취임
⇩	
해산신고 ⇩ 해산등기 및 청산인등기 / 재산상태 조사, 재산목록 · 대차대조표 작성	■ 청산인 취임 후 14일 이내 시 · 도지사에게 신고 (청산인 취임 후 지체 없이 재산상태 조사 및 재산목록 · 대차대조표 작성) ■ 해산일 및 취임일부터 14일 이내(주사무소) 등기
⇩	
재산처분 총회	■ 재산처분 방법 승인
⇩	※ 채무변제 등 재산처분 실행
잔여재산 처리	■ 잔여재산 처리 등
⇩	
청산사무 종결 및 결산보고 총회	■ 결산보고서 승인
⇩	
청산종결등기	■ 청산사무 종결 후 14일 이내

(1) 해산에 관한 총회의결 및 청산인 취임(법 제58조)

총회에서 해산이 의결되면 이사장이 청산인이 된다. 다만, 총회에서 다른 사람을 청산인으로 선임하는 것은 가능하다.

청산인은 취임 후 지체 없이 재산상태 조사, 재산목록 및 대차대조표 작성 등 청산사무를 개시하여야 한다.

(2) 해산신고(법 제57조 제2항, 법 시행규칙 제11조)

청산인은 취임 후 14일 이내에 설립신고를 한 시 · 도지사에게 해산신고를 하여야 하고, 해산신고서(법 시행규칙 별지 제14호 서식)를 작성하여 제출하여야 한다.

해산신고서에 첨부할 서류는 ❶ 해산 당시의 재산목록, ❷ 잔여재산 처분방법의 개요를 적은 서류, ❸ 해산 당시의 정관 사본, ❹ 해산 총회 의사록 사본 또는 정관상 해산사유의 발생 증명서류이다.

시·도지사는 해산신고서를 받은 후 '행정정보의 공동이용'을 통하여 법인등기사항증명서를 확인하여야 한다(「전자정부법」 제36조 제1항). 다만, 미등기 협동조합의 경우에는 법인등기사항증명서를 확인할 수 없을 것이다.

협동조합은 해산등기를 한 후 행정정보공동이용 업무포털(www.share.go.kr)에서 'e하나로 민원'을 이용하여 확인할 수 있다. e하나로 민원은 협동조합(연합회) 해산신고 사무에 대한 권한을 얻은 후 이용할 수 있다.

(3) 해산등기 및 청산인등기(법 제66조, 제67조)

해산등기는 청산인이 해산일로부터 주된 사무소의 소재지에서는 14일 이내에, 지사무소의 소재지에서는 21일 이내에 하여야 한다.

청산인등기는 청산인이 취임일부터 14일 이내에 주된 사무소의 소재지에 성명·주민등록번호 및 주소를 기재하여 청산인등기를 하여야 한다.

주의하여야 할 점은 해산등기와 청산인등기를 반드시 동시에 신청하여야 한다는 점이다(상업등기법 제60조 제2항).

(4) 재산처분 방법에 관한 총회 승인(법 제58조 제2항, 제4항)

청산인이 재산상태를 조사하여 재산목록과 대차대조표 작성을 마치면 재산처분의 방법을 정하여 총회의 승인을 받아야 한다(총 조합원 과반수 출석과 출석자 과반수 찬성으로 의결).

총회를 2회 이상 소집하여도 총회가 구성되지 않을 경우에는 출석 조합원 3분의 2 이상이 찬성하면 총회 승인이 있은 것으로 간주한다.

(5) 잔여재산 처리(법 제59조 제1항)

협동조합이 해산할 경우 채무를 변제하고 잔여재산이 있을 때에는 정관으로 정하는 바에 따라 처분한다.

(6) 청산사무 종결 및 결산보고서 총회 승인(법 제58조 제3항, 제4항)

청산사무가 종결되면 청산인은 지체 없이 결산보고서를 작성하여 총회의 승인을 받아야 한다(총 조합원 과반수의 출석과 출석자 과반수의 찬성으로 의결).

총회를 2회 이상 소집하여도 총회가 구성되지 않을 경우에는 출석 조합원 3분의 2 이상이 찬성하면 총회 승인이 있은 것으로 간주한다.

(7) 청산종결등기(법 제68조)

청산이 끝나면 청산인은 주된 사무소의 소재지에는 14일 이내에, 지사무소의 소재지에서는 21일 이내에 청산종결등기를 하여야 하고, 신청서에는 청산사무종결 관련 결산보고서 승인을 증명하는 서류를 첨부하여야 한다.

8. 휴면협동조합의 해산 및 청산간주

1) 근거법령

법 제57조의2(휴면협동조합의 해산)

① 법원행정처장은 마지막 등기 후 5년이 경과한 협동조합을 대상으로 본점의 소재지를 관할하는 법원에 아직 사업을 폐지하지 아니하였다는 뜻의 신고를 할 것을 관보로써 공고할 수 있다. 이 경우 신고의 내용 · 방법 등은 「상법」 제520조의2 제1항에 따른 신고에 관한 사항을 준용한다.

② 제1항에 따른 공고를 한 날에 이미 마지막 등기 후 5년이 경과되고, 공고일부터 2개월 이내에 제1항에 따른 신고를 하지 아니한 협동조합은 그 신고기간이 만료된 때에 해산한 것으로 본다. 다만, 그 신고기간 내에 등기를 한 협동조합에 대해서는 그러하지 아니하다.

③ 제1항에 따른 공고가 있는 때에는 법원은 해당 협동조합에 대하여 그 공고가 있었다는 뜻의 통지를 발송하여야 한다.

④ 제2항 본문에 따라 해산한 것으로 본 협동조합이 그 후 3년 이내에 총 조합원 과반수의 출석과 출석 조합원 3분의 2 이상의 찬성 의결이 있는 경우에는 협동조합을 계속할 수 있다.

⑤ 제2항 본문에 따라 해산한 것으로 본 협동조합이 제4항에 따라 협동조합을 계속하지 아니한 경우에는 해산한 것으로 본 날부터 3년이 경과한 때에 청산이 종결된 것으로 본다.

⑥ 제2항 및 제5항에 따른 협동조합의 해산등기와 청산종결등기에 관해서는 「상업등기법」 제73조를 준용한다. 이 경우 "「상법」 제520조의2 제1항"은 "「협동조합 기본법」 제57조의2 제2항"으로, "「상법」 제520조의2 제4항"은 "「협동조합 기본법」 제57조의2 제5항"으로 본다.

법 제66조의2(계속등기)

① 제57조의2 제4항에 따라 협동조합을 계속하는 경우에는 주된 사무소의 소재지에서는 14일 이내에, 지사무소의 소재지에서는 21일 이내에 계속등기를 하여야 한다.

상법 제520조의2(휴면회사의 해산)

① 법원행정처장이 최후의 등기 후 5년을 경과한 회사는 본점의 소재지를 관할하는 법원에

아직 영업을 폐지하지 아니하였다는 뜻의 신고를 할 것을 관보로써 공고한 경우에, 그 공고한 날에 이미 최후의 등기후 5년을 경과한 회사로써 공고한 날로부터 2월 이내에 대통령령이 정하는 바에 의하여 신고를 하지 아니한 때에는 그 회사는 그 신고기간이 만료된 때에 해산한 것으로 본다. 그러나 그 기간 내에 등기를 한 회사에 대하여는 그러하지 아니하다.

2) 휴면협동조합의 해산 및 청산간주 절차

해산사유 발생		관보 공고		법원의 통지		해산간주		청산종결 간주
마지막 등기 후 5년이 경과한 협동조합	⇨	영업 계속 신고할 것을 관보를 통해 공고	⇨	법원에서 협동조합에 최후등기 통지서 발송	⇨	관보 공고일로부터 2개월 이내에 계속 신고를 하지 않는 경우는 해산간주	⇨	해산간주일로부터 3년이 경과한 때에는 청산종결간주

※ 법원행정처장의 공고일로부터 2개월 이내에 협동조합이 계속등기를 할 경우에는 해산한 것으로 보지 않는다.

(1) 해산사유 발생

마지막 등기 후 5년이 경과한 협동조합의 경우 휴면협동조합으로 간주되어 해산사유가 발생한 것으로 본다.

(2) 법원행정처장의 관보 공고

법원행정처장은 휴면협동조합에 아직 영업을 폐지하지 아니하였다는 뜻의 신고(영업계속신고)를 할 것을 관보를 통해 공고할 수 있다.

이러한 경우 신고의 내용, 방법 등은 「상법」 제520조의2 제1항에 따른 신고에 관한 사항을 준용한다.

(3) 법원의 통지

법원(등기국)에서는 협동조합에 최후등기통지서를 발송한다.

최후등기 통지서란 최후 등기를 한 지 상당한 시간이 흐른 법인을 법원이 직권으로 해산간주 처리하기 전에 법인의 이해관계자(법인 대표이사 등)에게 법인을 계속 운영할 의사가 있는지 확인하기 위해 발송한 통지서이다(휴면법인의 해산 등에 관한 사무처리지침, 대법원 등기예규 제1706호).

통상적으로 법원행정처에서 매년 9월경 최후의 등기 후 5년을 경과한 지방법원 등기국 또는 본원 등기과의 관내 주식회사, 협동조합 및 사회적협동조합에 대하여 '본점 소재지를 관할하는 법원에 아직 영업을 폐지하지 아니하였다는 뜻의 신고를 할 것'을 공고문을 통하여 관보(매년 10. 1.자)에 공고하는 방법으로 하고 있다.

이러한 공고를 위해서는 각 법원에서는 「휴면법인의 해산 등에 관한 사무처리지침」(대법원 등기예규 제1706호)에서 정하는 바에 따라 등기부 선별, 공고통지서, 휴면법인 목록을 작성하여야 하고, ❶ 공고통지를 완료하였을 때, ❷ 해산등기를 완료하였을 때, ❸ 청산종결등기를 완료하였을 때에는 지체 없이 법원행정처장에게 보고하여야 한다.

(4) 해산간주

법원행정처장의 공고일로부터 2개월 이내에 영업계속 신고를 하지 아니한 때에는 신고기간이 만료된 때 해산된 것으로 간주되고 등기관이 직권으로 해산등기를 하여야 한다(상업등기법 제73조).

이러한 경우 법 제66조의2 제1항에 따른 계속등기를 할 때에는 새로 선임된 이사장이 신청인이 된다.

계속등기신청서에는 계속 사유를 증명하는 서류를 첨부하여야 한다.

다만, 휴면협동조합이 법원행정처장의 공고일로부터 2개월 이내에 계속등기를 한 경우에는 해산한 것으로 간주하지 아니한다.

(5) 청산종결간주

해산간주 된 협동조합이 3년 내 계속 하지 않은 경우 해산간주일로부터 3년 경과한 때 청산종결된 것으로 간주하고, 등기관이 직권으로 청산종결등기를 하여야 한다(상업등기법 제73조).

(6) 관계 법령 준용규정

협동조합의 해산과 청산에 관하여는 「민법」 및 「비송사건절차법」 관련 조항이 준용되며, 주요 사항은 다음과 같다.

「민법」 준용 주요 규정	
제79조	법인이 채무를 완제하지 못한 경우 이사는 지체 없이 파산 신청을 하여야 한다.
제81조	해산한 법인은 청산의 목적범위 내에서만 권리가 있고 의무를 부담한다.
제87조	청산인의 직무는 다음과 같으며, 이를 행하기 위하여 필요한 모든 행위를 할 수 있다. 1. 현존사무의 종결 2. 채권의 추심 및 변제 3. 잔여재산의 인도
제88조	① 청산인은 취임한 날로부터 2월내에 3회 이상의 공고로 채권자에 대하여 일정한 기간 내에 그 채권을 신고할 것을 최고하여야 하며, 그 기간은 2월 이상이어야 한다. ② 전항의 공고에는 채권자가 기간 내에 신고하지 아니하면 청산으로부터 제외될 것을 표시하여야 한다.
재89조	청산인은 알고 있는 채권자에게 대하여는 각각 그 채권신고를 최고하여야 하며, 알고 있는 채권자는 청산으로부터 제외하지 못한다.
제90조	청산인은 채권신고 기간 내에는 채권자에 대하여 변제하지 못하며, 법인은 채권자에 대한 지연손해배상의 의무를 면하지 못한다.

제91조	청산중인 법인은 변제기에 이르지 아니한 채권에 대하여도 변제할 수 있다.
제92조	청산으로부터 제외된 채권자는 법인의 채무를 완제한 후 귀속권리자에게 인도하지 아니한 재산에 대하여서만 변제 청구할 수 있다.
제93조	① 청산 중 법인의 재산이 그 채무를 완제하기에 부족한 것이 분명하게 된 때에는 청산인은 지체 없이 파산선고를 신청하고 이를 공고하여야 한다. ② 청산인은 파산관재인에게 그 사무를 인계함으로써 그 임무가 종료한다.
「비송사건절차법」 준용 주요 규정	
제121조	다음 각 호의 어느 하나에 해당하는 자는 청산인으로 선임될 수 없다. 1. 미성년자 2. 피성년후견인 3. 자격이 정지되거나 상실된 자 4. 법원에서 해임된 청산인 5. 파산선고를 받은 자

9. 협동조합의 등기절차

1) 설립등기

법 제61조(설립등기)

① 협동조합은 출자금의 납입이 끝난 날부터 14일 이내에 주된 사무소의 소재지에서 설립등기를 하여야 한다.

② 설립등기신청서에는 다음 각 호의 사항을 적어야 한다.

1. 제16조 제1항 제1호와 제2호의 사항
2. 출자 총좌수와 납입한 출자금의 총액
3. 설립신고 연월일
4. 임원의 성명ㆍ주민등록번호 및 주소(임원이 법인인 경우에는 법인의 명칭, 법인등록번호 및 주소). 다만, 이사장이 아닌 임원의 주소는 제외한다.

③ 설립등기를 할 때에는 이사장이 신청인이 된다.
④ 제2항의 설립등기신청서에는 설립신고서, 창립총회의사록 및 정관의 사본을 첨부하여야 한다.
⑤ 합병이나 분할로 인한 협동조합의 설립등기신청서에는 다음 각 호의 서류를 모두 첨부하여야 한다.
1. 제4항에 따른 서류
2. 제53조에 따라 공고하거나 최고한 사실을 증명하는 서류
3. 제54조에 따라 이의를 신청한 채권자에게 변제나 담보를 제공한 사실을 증명하는 서류

---

(1) 등기신청 기간

협동조합의 이사장은 출자금 납입이 끝난 날부터 14일 이내에 주된 사무소 소재지의 지방법원 등기국이나 지방법원 등기과에 설립등기를 신청하여야 한다.

(2) 설립등기신청서의 기재사항

설립등기신청서에 기재하여야 할 사항은 ❶ 목적, 명칭 및 주된 사무소 소재지, ❷ 출자 총좌수 및 납입한 출자금의 총액, ❸ 설립신고 연월일, ❹ 임원의 성명, 주민등록번호 및 주소(이사장이 아닌 임원의 주소는 제외)이며, ❺ 임원이 법인인 경우에는 법인의 명칭과 법인등록번호 및 주소를 기재하여야 한다.

주의하여야 할 점은 이사장은 이사를 전제로 하는 것이므로 이사등기가 되어 있는 경우에 한하여 이사장으로 등기할 수 있다는 점이다.

(3) 설립등기신청서와 첨부서류

① 설립등기신청서 : 위 (2) 기재사항 기재
② 정관 : 원본 환부신청을 하는 경우에는 사본 제출 가능

③ 총회의사록 : 공증을 받은 원본 제출
④ 설립신고확인증 : 법 제61조 설립신고서 대신 확인증 제출
⑤ 임원의 취임승낙서, 인감증명서, 주민등록표초본 : 임원 전원 제출, 법인이 임원인 경우에는 법인의 취임승낙서와 직무수행자의 선임증명서, 인감증명서, 주민등록표초본 제출
⑥ 대표자의 인감신고서
⑦ 출자금총액납입증명서 : 금융기관이 작성한 잔고증명서 또는 출자금납입확인서, 현물출자재산인계서 또는 출자재산영수증
⑧ 등록면허세영수필확인서
⑨ 위임장 : 대리인이 신청하는 경우

2) 지사무소 설치등기

법 제62조(지사무소의 설치등기) 협동조합이 지사무소를 설치하였으면 주된 사무소의 소재지에서는 21일 이내에 지사무소의 소재지에서는 28일 이내에 등기하여야 한다.

(1) 등기신청 기간

협동조합이 지사무소를 설치한 경우에는 주된 사무소의 소재지에서는 21일 이내에, 지사무소의 소재지에서는 28일 이내에 등기를 신청하여야 한다. 지사무소 등기도 주된 사무소의 소재지에서 동시에 등기를 신청할 수 있다.

(2) 지사무소설치등기 신청서류

① 등기신청서 : 지사무소의 소재지와 그 설치연월일 기재

② 이사회회의록 : 공증 받은 의사록 제출, 의사록에 지사무소의 소재지와 설치연월일 기재
③ 등기신청수수료
④ 등록면허세납부확인서 : 주사무소와 지사무소 소재지 시군구에 각 납부하고 그 등록면허세납부확인서를 각 첨부
⑤ 위임장 : 대리인이 신청하는 경우

3) 이전등기

법 제63조(이전등기)
① 협동조합이 사무소를 이전하였으면 전소재지와 현소재지에서 각각 21일 이내에 이전등기를 하여야 한다.
② 제1항에 따른 등기를 할 때에는 이사장이 신청인이 된다.

(1) 등기신청 기간

협동조합이 사무소를 이전한 경우 이사장이 전 소재지와 현 소재지에서 각각 21일 이내에 이전등기를 신청하여야 한다.

(2) 사무소 이전에 따른 변경등기 신청서류

① 변경등기신청서 : 등기소나 인터넷등기소에 비치
② 정관 : 정관 사본에 법인인감을 날인하고 원본과 동일한 취지를 인증하여 제출
③ 이사회의사록 : 공증 받은 원본 제출
④ 조합원총회의사록, 정관변경신고확인증 : 정관에 주사무소가 구

체적으로 기재된 경우에 주사무소를 변경하는 경우

⑤ 등기신청수수료

⑥ 등록면허세납부확인서 : 신소재와 구소재지 시군구에 각 납부하고 그 등록면허세납부확인서를 각 첨부

⑦ 위임장 : 대리인이 신청하는 경우

4) 변경등기

법 제64조(변경등기)

① 협동조합은 제61조 제2항 각 호의 사항이 변경되면 주된 사무소 및 해당 지사무소의 소재지에서 각각 21일 이내에 변경등기를 하여야 한다.

② 제61조 제2항 제2호의 사항에 관한 변경등기는 제1항에도 불구하고 회계연도 말을 기준으로 그 회계연도가 끝난 후 3개월 이내에 등기하여야 한다.

③ 제1항과 제2항에 따른 변경등기를 할 때에는 이사장이 신청인이 된다.

④ 제3항에 따른 등기신청서에는 등기 사항의 변경을 증명하는 서류를 첨부하여야 한다.

⑤ 출자감소, 합병 또는 분할로 인한 변경등기신청서에는 다음 각 호의 서류를 모두 첨부하여야 한다.

1. 제4항에 따른 서류
2. 제53조에 따라 공고하거나 최고한 사실을 증명하는 서류
3. 제54조에 따라 이의를 신청한 채권자에게 변제나 담보를 제공한 사실을 증명하는 서류

(1) 정관의 목적, 명칭, 주된 사무소의 소재지 변경등기

이사장이 변경일로부터 21일 이내에 등기사항의 변경을 증명하는 서류를 첨부하여 관할 등기소에 변경등기를 신청하여야 한다. 이사장은 대리인을 선임하여 변경등기를 신청할 수 있고 이러한 점은 다른 등기의 경우에도 같다.

(2) 출자총좌수와 출자금의 총액 변경등기

이사장이 회계연도말 기준으로 그 회계연도가 끝난 후 3개월 이내에 등기사항의 변경을 증명하는 서류를 첨부하여 관할 등기소에 변경등기를 신청하여야 한다.

(3) 임원의 성명, 주민등록번호, 주소 변경등기

이사장이 변경일로부터 21일 이내에 등기사항의 변경을 증명하는 서류를 첨부하여 변경등기를 신청하여야 한다. 다만 주소변경등기는 이사장이 아닌 임원의 경우에는 필요하지 않다.

5) 해산등기

법 제66조(해산등기)

① 협동조합이 해산한 경우에는 합병과 파산의 경우 외에는 주된 사무소의 소재지에서는 14일 이내에, 지사무소의 소재지에서는 21일 이내에 해산등기를 하여야 한다.

② 제1항에 따른 해산등기를 할 때에는 청산인이 신청인이 된다.

③ 해산등기신청서에는 해산 사유를 증명하는 서류를 첨부하여야 한다.

협동조합이 해산한 경우에는 합병과 파산의 경우 외에는 주된 사무소의 소재지에서는 14일 이내에, 지사무소의 소재지에서는 21일 이내에 해산등기를 신청하여야 한다.

청산인이 신청인이 되며, 해산사유를 증명하는 서류를 첨부하여야 한다.

6) 계속등기

법 제66조의2(계속등기)
① 제57조의2 제4항에 따라 협동조합을 계속하는 경우에는 주된 사무소의 소재지에서는 14일 이내에, 지사무소의 소재지에서는 21일 이내에 계속등기를 하여야 한다.
② 제1항에 따른 계속등기를 할 때에는 새로 선임된 이사장이 신청인이 된다.
③ 계속등기신청서에는 계속 사유를 증명하는 서류를 첨부하여야 한다.

법 제57조의2 제2항에 따라 해산으로 간주된 협동조합의 경우 총조합원 과반수의 출석과 출석자 3분의 2 이상의 찬성 의결이 있는 경우에는 협동조합을 계속할 수 있다.

협동조합을 계속하고자 할 경우에는 주된 사무소의 소재지에서는 14일 이내에 지사무소의 소재지에서는 21일 이내에 계속등기를 하여야 한다.

7) 청산인등기

법 제67조(청산인등기)
① 청산인은 그 취임일부터 14일 이내에 주된 사무소의 소재지에서 그 성명 · 주민등록번호 및 주소를 등기하여야 한다.
② 제1항에 따른 등기를 할 때 이사장이 청산인이 아닌 경우에는 신청인의 자격을 증명하는 서류를 첨부하여야 한다.

청산인은 취임일부터 14일 이내에 주된 사무소의 소재지에 성명 · 주민등록번호 및 주소와 법인인감을 등기하여야 한다.

청산인등기의 첨부서류는 다음과 같다.

① 청산인이 해산을 결의한 내용의 조합원총회의사록(공증 필요)
② 청산인의 자격을 증명하는 서류(위 조합원총회에서 선임된 경우 그 의사록이나 정관에 청산인으로 지정된 자가 있는 경우 그 정관)
③ 등록면허세 영수필 확인서, 취임승낙서, 인감증명서, 인감신고서, 인감대지

8) 청산종결등기

법 제68조(청산종결등기)
① 청산이 끝나면 청산인은 주된 사무소의 소재지에서는 14일 이내에, 지사무소의 소재지에서는 21일 이내에 청산종결의 등기를 하여야 한다.
② 제1항에 따른 등기신청서에는 제58조 제3항에 따른 결산보고서의 승인을 증명하는 서류를 첨부하여야 한다.

청산이 끝나면 청산인은 주된 사무소의 소재지에서는 14일 이내에, 지사무소의 소재지에서는 21일 이내에 청산종결등기를 하여야 한다.

청산종결등기의 첨부서류는 다음과 같다.

① 청산사무종결 관련 결산보고서의 승인을 증명하는 서류
② 등록면허세영수필확인서, 조합원 총회 공고문, 청산결산보고서를 승인한 총회의사록(공증 받은 원본 제출), 청산결산보고서(출자금분배확인서, 출자금분배 내역서 첨부), 채권자보호절차를 경료하였음을 증명하는 서류

9) 준용규정

협동조합의 등기에 관한 사항에 관하여 협동조합 기본법에서 정한 사항 외에는 「비송사건절차법」 및 「상업등기법」중 등기에 관한 규정을 준용하는 규정은 다음과 같다.

「비송사건절차법」 준용규정	
第62조	법인의 이사 또는 청산인의 등기를 할 때에는 주민등록번호도 등기하여야 한다.
第65조	법인의 해산등기 신청서에는 해산의 사유를 증명하는 서면을 첨부하여야 하고, 이사가 청산인이 된 경우를 제외하고는 청산인의 자격을 증명하는 서면을 첨부하여야 한다.
「상업등기법」 준용규정	
第24조	① 대리인이 신청하는 경우에는 그 권한을 증명하는 서면 첨부하여야 한다. ② 성명 또는 주소의 변경에 관한 등기를 신청하는 경우 그 증명서면 첨부하여야 한다.
第25조	신청서에 기명날인 할 사람은 미리 인감을 등기소에 신고하여야 한다.

10) 등기 관련 규정 요약(협동조합기본법)

구분	관련조항	관할등기소	등기기한	신청인
설립	제61조	주사무소 소재지	출자납입 완료 후 14일	이사장
지사무소 설치	제62조	주사무소지 및 지사무소지	주사무소 21일 지사무소 28일	이사장
이전	제63조	전소재지 및 현소재지	전·현소재지 각 21일	이사장
변경	제64조 ①	각 사무소 소재지	각 21일	이사장
출자금 변경	제64조 ②	각 사무소 소재지	회계연도가 끝난 후 3개월	이사장
합병	제65조	각 사무소 소재지	합병신고를 수리 한 날부터 14일	이사장

구분	관련조항	관할등기소	등기기한	신청인
해산	제66조	주사무소지 및 지사무소지	주사무소 14일 자사무소 21일	청산인
계속	제66조의2	주사무소지 및 지사무소지	주사무소 14일 자사무소 21일	이사장
청산인	제67조	주사무소 소재지	취임일로부터 14일	청산인
청산종결	제68조	주사무소지 및 지사무소지	주사무소 14일 지사무소 21일	청산인

제 3 장 사회적협동조합

1. 의의
2. 사회적협동조합의 설립
3. 사회적협동조합의 조합원
4. 사회적협동조합의 기관
5. 사회적협동조합의 사업
6. 사회적협동조합의 회계
7. 사회적협동조합의 해산 및 청산
8. 휴면사회적협동조합의 해산 및 청산간주
9. 사회적협동조합의 등기절차

제3장 사회적협동조합

1. 의의

사회적협동조합이란 지역주민들의 권익증진 및 복리증진과 관련된 사업을 수행하거나 취약계층에게 사회서비스 또는 일자리를 제공하는 등 영리를 목적으로 하지 아니하는 협동조합을 말한다(법 제2조 제3호).

사회적협동조합의 주요 특징은 다음과 같다.

법인격은 비영리법인이고, 주사업 소관 중앙행정정기관의 장에게 설립인가 신청을 하면 신청일로부터 60일 이내에 인가가 결정된다.

사회적협동조합의 기관으로는 총회와 대의원총회(임의적) 및 이사회가 있고, 자연인뿐만 아니라 법인도 조합원이 될 수 있으며, 다양한 이해관계인 가운데 둘 이상의 이해관계인을 포함하여야 한다.

조합원 1인의 출자한도는 총 출자좌수의 30% 이내이어야 하고, 1인 1표의 의결권과 선거권을 가진다.

사회적협동조합의 사업은 법 제93조 제1항의 주사업[1]을 40% 이상

---

1) 법 제93조(사업) ① 사회적협동조합은 다음 각 호의 사업 중 하나 이상을 주사업으로 하여야 한다. 〈개정 2014.1.21.〉
  1. 지역(시 · 도의 관할 구역을 말하되, 실제 생활권이 둘 이상인 시 · 도에 걸쳐 있는 경우에는 그 생활권 전체를 말한다. 이하 이 호에서 같다) 사회의 재생, 지역 경제의 활성화, 지역 주민들의 권익 · 복리 증진 및 그 밖에 지역사회가 당면한 문제 해결에 기여하는 사업
  2. 대통령령으로 정하는 취약계층에 복지 · 의료 · 환경 등의 분야에서 사회서비스를 제공하는 사업

수행하여야 하며, 금융 및 보험업을 제외한 모든 사업의 수행이 가능하며, 조합원과 직원에 대한 상담, 교육, 훈련 및 정보 제공 사업, 협동조합간의 협력, 홍보 및 지역사회를 위한 사업이 필수적으로 포함되어 있어야 한다. 사업의 이용과 관련하여 예외적인 경우를 제외하고는 조합원이 아닌 자가 사업을 이용 할 수 있다.

매 회계연도의 사업계획서와 수지예산서를 작성하여야 하며, 모든 사회적협동조합은 경영공시의 대상이 된다.

법정적립금으로 해당 회계연도말 기준 출자금 납입총액의 3배에 이를 때까지 잉여금의 30% 이상을 적립하여야 하고, 잉여금에 대하여 조합원들에게 배당은 할 수 없다.

2. 사회적협동조합의 설립

1) 근거법령

법 제85조(설립인가 등)

① 사회적협동조합을 설립하고자 하는 때에는 5인 이상의 조합원 자격을 가진 자가 발기인이 되어 정관을 작성하고 창립총회의 의결을 거친 후 기획재정부장관에게 인가를 받아야 한다.

② 창립총회의 의사는 창립총회 개의 전까지 발기인에게 설립동의서를 제출한 자 과반수의 출석과 출석자 3분의 2 이상의 찬성으로 의결한다.

---

3. 대통령령으로 정하는 취약계층에 일자리를 제공하는 사업
4. 국가 · 지방자치단체로부터 위탁받은 사업
5. 그 밖에 공익증진에 이바지 하는 사업

② 제1항 각 호에 따른 주사업은 협동조합 전체 사업량의 100분의 40 이상이어야 한다. 〈개정 2014.1.21〉

③ 기획재정부장관은 다음 각 호의 어느 하나에 해당하는 경우를 제외하고는 제1항에 따른 설립을 인가하여야 한다.
1. 설립인가 구비서류가 미비된 경우
2. 설립의 절차, 정관 및 사업계획서의 내용이 법령을 위반한 경우
3. 그 밖에 설립인가 기준에 미치지 못하는 경우

④ 기획재정부장관은 제1항에 따른 인가의 신청을 받은 날부터 60일 이내에 인가 여부를 신청인에게 통지하여야 한다.

⑤ 기획재정부장관이 제4항에서 정한 기간 내에 인가 여부 또는 민원 처리 관련 법령에 따른 처리기간의 연장을 신청인에게 통지하지 아니하면 그 기간(민원 처리 관련 법령에 따라 처리기간이 연장 또는 재연장된 경우에는 해당 처리기간을 말한다)이 끝난 날의 다음 날에 인가를 한 것으로 본다.

⑥ 제1항 및 제3항의 설립인가에 관한 신청 절차와 조합원 수, 출자금, 그 밖에 인가에 필요한 기준, 인가 방법에 관한 상세한 사항은 대통령령으로 정한다.

2) 발기인 모집

발기인이란 법인설립의 발기행위에 참여하여 설립업무 일체를 추진하는 자로서 정관에 기명날인한 5인 이상의 조합원 자격을 가진 자가 발기인이 되어 정관을 작성하여야 한다(법 제85조 제1항).

조합원의 자격을 가진 자란 사회적협동조합의 설립목적에 동의하고, 조합원으로서의 의무를 다하고자 하는 자를 말한다(법 제91조, 제20조).

발기인은 정관(안)과 사업계획서(안)을 작성하고, 설립동의자로부터 설립동의서 및 개인정보 제공 및 활용동의서를 받은 후 창립총회를 개최하여야 한다.

설립동의자의 개인정보는 사회적협동조합 설립인가 업무 진행, 출자금 확인 및 관리를 위한 개인식별과 설립동의자명부 및 조합원명부 작성 등을 위해서만 활용 되어야 한다(개인정보보호법 제15조, 법 시행령 제33조).

개인정보 중 주민등록번호는 법령에서 구체적으로 주민등록번호의 처리를 요구하거나 허용한 경우 등 개인정보보호법 제24조의2 제1항에 해당되는 경우에만 처리할 수 있으므로, 설립업무가 완료되면 즉시 주민등록번호를 파기하여야 한다.

3) 정관 작성

정관이란 사회적협동조합의 조직형태, 운영방법 및 사업활동 등에 관한 기본적인 사항을 규정한 최고의 자치법규이다.

법 제86조 제1항의 정관을 작성할 때 필수적 기재사항은 다음과 같다

① 목적
② 명칭 및 주된 사무소의 소재지
③ 조합원 및 대리인의 자격
④ 조합원의 가입, 탈퇴 및 제명에 관한 사항
⑤ 출자 1좌의 금액과 납입 방법 및 시기, 조합원의 출자좌수 한도
⑥ 조합원의 권리와 의무에 관한 사항
⑦ 잉여금과 손실금의 처리에 관한 사항
⑧ 적립금의 적립방법 및 사용에 관한 사항
⑨ 사업의 범위 및 회계에 관한 사항
⑩ 기관 및 임원에 관한 사항
⑪ 공고의 방법에 관한 사항
⑫ 해산에 관한 사항
⑬ 출자금의 양도에 관한 사항
⑭ 그 밖에 총회·이사회의 운영 등에 관하여 필요한 사항

4) 설립동의자 모집

설립동의자란 조합원 자격을 갖춘 자로서 창립총회 전까지 발기인에게 설립동의서를 제출한 자로서 발기인이 포함된다.

5) 창립총회 공고

사회적협동조합의 설립인가를 받으려는 자는 창립총회 개최 전 7일 이상 공고를 하여야 한다. 일간지 게재, 벽보 게시, 조합의 인터넷 홈페이지(정관에 사이트 주소 명시해야 함) 등 조합원 자격이 있는 자가 쉽게 알 수 있는 방법으로 공고하여야 한다.

공고 당일과 총회 개최일은 공고기간 계산에 포함되지 않는다.

공고기간 7일 미만 등 창립총회 공고절차 또는 공고사항 등에 명백한 하자가 있을 경우 소관부처가 반려하므로 주의하여야 한다.

다만, 공고기간이 7일 미만이더라도 설립동의자 전원이 창립총회에 참석하고, 총회 소집에 대해 이의를 제기하지 않은 경우에는 그 요건을 충족한 것으로 본다.

창립총회 공고사항으로는 ❶ 창립총회 일시 및 장소, ❷ 조합원의 자격요건, ❸ 창립총회에서 의결하여야 할 사항이다.

6) 창립총회 개최

사회적협동조합의 창립총회에서 필수적으로 의결할 사항은 ❶ 정관, ❷ 사업계획 및 예산, ❸ 임원의 선출(이사장은 이사 선출 후, 이사 중에서 선출), ❹ 설립경비 등 설립에 필요한 사항(주사무소 세부 소재지 확인 포함)이다.

창립총회의 의사(議事)는 창립총회 개회 전까지 발기인에게 설립동의서를 제출한 자 과반수의 출석과 출석자 3분의 2 이상의 찬성으로 의결하여야 하며, 창립총회의 의사에 관하여는 의사록을 작성하여야 한다.

7) 설립인가 신청

법 시행규칙 제14조(사회적협동조합 및 사회적협동조합연합회의 설립인가 신청)

① 영 제18조 제1항(같은 조 제2항에서 준용하는 경우를 포함한다. 이하 이 조에서 같다)에 따른 사회적협동조합 및 사회적협동조합연합회의 설립인가신청서는 별지 제18호서식과 같다.

② 영 제18조 제1항에서 "기획재정부령으로 정하는 서류"는 다음 각 호와 같다.

1. 정관 사본
2. 창립총회 개최 공고문
3. 창립총회 의사록 사본
4. 별지 제3호서식에 따른 임원 명부(임원약력을 포함한다)
5. 해당 연도의 별지 제19호서식에 따른 사회적협동조합 사업계획서 또는 별지 제19호의2서식에 따른 사회적협동조합연합회 사업계획서
6. 해당 연도의 별지 제20호서식에 따른 수입ㆍ지출 예산서
7. 출자 1좌당 금액과 조합원 또는 회원별로 인수하려는 출자좌수를 적은 서류
8. 발기인 및 법 제85조 제2항 및 제114조 제2항에 따라 창립총회가 열리기 전까지 발기인에게 설립동의서를 제출한 자 또는 사회적협동조합의 별지 제6호서식에 따른 명부
9. 합병 또는 분할을 의결한 총회 의사록(법 제101조 제1항 및 제115조 제3항에 따라 합병 또는 분할로 인해 설립되는 경우만 해당하며, 합병 또는 분할로 인해 존속하거나 설립되는 사회적협동조합 및 사회적협동조합연합회가 승계해야 할 권리ㆍ의무의 범위가 의결사항으로 적혀 있어야 한다) 사본
10. 주사업의 내용이 설립인가 기준을 충족하는 것을 증명하는 서류(사회적협동조합의 경우에만 제출한다)

사회적협동조합 설립인가신청서(법 시행규칙 별지 제18호 서식)에 법 시행규칙 제14조 제2항의 서류를 첨부하여 법 제116조(권한의 위임 및 위탁)

제2항에 따라 주사업 관할 소관 중앙행정기관의 장에게 설립인가신청서를 제출하여야 한다.

법 제116조(권한의 위임 및 위탁) 제2항 및 법 시행령 제32조(권한의 위탁)에 따라 기획재정부장관의 사회적협동조합의 설립인가 권한을 주사업 소관 중앙행정기관의 장에게 위탁하고 있다.

소관 중앙행정기관은 원칙적으로 정관상 주사업을 기준으로 판단하고, 주사업 적용법령을 관할하는 중앙행정기관이 소관청이 되며, 주사업이 여러 개일 경우 가장 비중이 큰 사업을 관할하는 중앙행정기관을 소관청으로 한다.

다만, 정관에는 다른 사업으로 분류해놓았더라도 주사업 적용법령 및 사업목적을 고려하면 같은 사업으로 볼 수 있는 경우는 동일사업으로 보고 소관 중앙행정기관을 판단한다.

설립인가 신청 접수단계에서의 처리과정을 살펴보면, 설립인가신청서를 접수한 담당자는 협동조합 행정시스템에 신청 내용을 즉시 등록하고, 행정기관의 장은 설립인가신청서를 접수하였을 경우 부당하게 되돌려 보내서는 안 되며, 다른 행정기관의 소관인 경우에는 지체 없이 소관 기관에 이송하여야 한다(민원 처리에 관한 법률 제9조, 제16조).

따라서 사회적협동조합의 인가신청서를 검토한 결과 해당 중앙행정기관의 소관 업무가 아닌 것으로 판단되는 경우 소관 중앙행정기관의 담당자와 구두협의 후 공문으로 이송 처리하여야 하며 민원인에게 반려할 수 없다.

한편 한국사회적기업진흥원의 업무지원과 관련해서는 소관 중앙행정기관은 한국사회적기업진흥원을 통해 인가업무 관련 지원을 받을 수 있으며(법 제116조 제3항 및 시행령 제32조 제2항), 중앙행정기관은 인가신청서 접수 즉시 인가신청서 및 첨부서류를 협동조합 행정시스템에 등록할 수 있고, 한국사회적기업진흥원은 신청서류를 확인하고 검토보고서를 작성하여 협동조합 행정시스템에 등록할 수 있다.

8) 신고확인증 발급

법 시행규칙 제14조(사회적협동조합 및 사회적협동조합연합회의 설립인가 신청)

③ 기획재정부장관이나 관계 중앙행정기관의 장(법 제116조의 제2항 및 영 제32조 제1항에 따라 권한을 위탁받은 경우만 해당한다. 이하 같다)은 법 제85조 또는 제114조에 따라 사회적협동조합 및 사회적협동조합연합회의 설립인가를 하였을 때에는 별지 제21호 서식에 따른 설립인가증을 발급해야 한다.

기획재정부장관은 설립인가신청서를 접수한 때에는 신청일로부터 60일 이내에 설립인가 여부를 신청인에게 통지하여야 하고(법 제85조 제4항), 설립인가신청서를 접수한 때에는 신청일로부터 60일 이내에 설립인가증(법 시행규칙 별지 제21호 서식)을 발급한다.

기획재정부장관은 설립인가신청서를 접수한 때로부터 60일 이내에 인가 여부 또는 처리기간의 연장을 신청인에게 통지하지 아니하면 그 기간이 끝난 날(60일 또는 처리기간이 연장 또는 재연장된 경우 해당 처리기간)의 다음날에 인가를 한 것으로 본다(법 제85조 제5항).

설립인가 신청에 따른 처리기간의 계산 등은 제2장 협동조합 편을 참고하면 된다.

9) 설립사무의 인계

발기인은 신고확인증을 발급 받으면 지체없이 그 사무를 이사장에게 인계하여야 한다(법 제87조).

10) 출자금 납입

사회적협동조합 이사장은 발기인 대표로부터 사무를 인수하면 기일을 정하여 조합원이 되려는 자에게 출자금을 납입하게 하여야 한다(법 제87조 제2항).

이사장 명의의 계좌로 출자금을 납입하며, 등기할 때 출자금 납입영수증 또는 은행에서 발급한 잔액증명서를 제출하여야 한다(설립신고서상 출자금 납입총액과 통장잔고가 일치하여야 한다).

이사장은 사회적협동조합 설립등기가 완료되면 법인명의의 통장을 개설하고 출자금을 이체하여야 한다.

현물출자자는 납입기일 안에 출자목적인 재산을 인도하고 등기 또는 등록, 그 밖의 권리의 이전에 필요한 서류를 구비하여 사회적협동조합에 제출하여야 한다.

11) 설립등기

법 제106조(설립등기)

① 사회적협동조합은 설립인가를 받은 날부터 60일 이내에 주된 사무소의 소재지에서 설립등기를 하여야 한다.

사회적협동조합은 설립인가를 받은 날부터 60일 이내에 주된 사무소의 소재지에 설립등기를 신청하여야 한다. 설립인가를 받은 날이란 설립인가증이 도달한 날을 의미한다(법 제109조).

설립인가를 받은 날부터 60일 이내에 설립등기를 하지 않은 경우에는 인가를 취소할 수 있는 사유에 해당되는 점을 특히 유의하여야 한다(법 제112조 제1항 제5호).

등기를 게을리한 경우 100만 원 이하의 과태료가 부과된다(법 제119조 제3항 제1호).

12) 사업자등록

사회적협동조합은 사업개시일로부터 20일 이내에 사업장 소재지 관할 세무서장에게 사업자등록을 신청하여야 하며, 사업개시 전의 사업자등록 신청도 가능하다(부가가치세법 제8조).

사업개시일이란 제조업의 경우 제조를 개시하는 날, 기타의 경우 재화 또는 용역의 공급을 개시하는 날 등을 의미한다.

기타 내용은 제2장 협동조합 편을 참고하면 된다.

3. 사회적협동조합의 조합원

1) 자격 및 가입(법 제20조, 제21조 준용)

법 제20조(조합원의 자격) 조합원은 협동조합의 설립 목적에 동의하고 조합원으로서의 의무를 다하고자 하는 자로 한다.

법 제21조(가입)

① 협동조합은 정당한 사유 없이 조합원의 자격을 갖추고 있는 자에 대하여 가입을 거절하거나 가입에 있어 다른 조합원보다 불리한 조건을 붙일 수 없다.

② 협동조합은 제1항에도 불구하고 정관으로 정하는 바에 따라 협동조합의 설립 목적 및 특성에 부합되는 자로 조합원의 자격을 제한할 수 있다.

(1) 조합원의 자격

조합원이란 사회적협동조합의 설립 목적에 동의하고 조합원으로서의 의무를 다하고자 하는 자(자연인 또는 법인)를 말한다.

협동조합과 다른 점은 사회적협동조합의 경우에는 법인 조합원을 임원으로 선임을 할 수 없다는 점이다(법 제34조 제1항 내지 제3항 및 제92조).

사회적협동조합은 정당한 사유 없이 조합원의 자격을 갖추고 있는 자에 대하여 가입을 거절하거나 가입에 있어 다른 조합원보다 불리한 조건을 붙일 수 없다.

다만, 정관으로 정하는 바에 따라 협동조합의 설립 목적 및 특성에 부합되는 자로 조합원 자격 제한이 가능하다. 예를 들면, 공동육아사회적협동조합의 경우 정관상 조합원의 자격을 '사회적협동조합이 운영하는 어린이집의 학부모이거나 직원으로 재직할 것'으로 규정하는 경우이다.

(2) 조합원의 가입

사회적협동조합의 조합원 가입은 국내법인, 외국법인 모두 조합원으로 가입이 가능하다. 다만, 외국법인의 경우 외국인 출자규제 관련 법률에 적합해야 한다.

외국인은 외국인등록번호가 있는 경우에는 조합원으로 가입할 수 있으며, 미성년자도 조합원으로 가입할 수는 있지만 「민법」에 따라 법정대리인의 동의 절차가 반드시 필요하다.

공무원은 「국가공무원 복무규정」 제25조 및 「지방공무원 복무규정」 제10조에 따라 사회적협동조합의 임직원이 되는 것은 허용되지 않으나, 공무원이 사회적협동조합의 조합원으로 가입하는 것은 공무원 복무규정 등 관계법령을 위반하지 않는 범위 내에서는 가능하다(소비자,

자원봉사자, 후원자 조합원 등).

다만, 공무원과 공공기관의 상임임원 및 직원이 사회적협동조합의 직무를 겸하는 경우 「국가공무원 복무규정」 제25조, 제26조 및 「지방공무원 복무규정」 제10조, 제11조 등에 따라 소속 기관장의 사전허가를 받아야 한다.

공공기관 상임임원 및 직원은 「공공기관의 운영에 관한 법률」 제37조에 따라 협동조합의 임직원이 되는 것은 허용되지 않으나, 관계법령과 단체협약 및 취업규칙 등을 위반하지 않는 범위 내에서는 조합원 가입이 가능하다.

지방자치단체는 「지방재정법」 제18조에 따라 출자가 제한되므로 조합원으로 가입할 수 없다.

2) 출자 및 책임(법 제86조, 제22조 준용)

법 제86조(정관)

② 제1항 제5호에 따른 출자 1좌의 금액은 균일하게 정하여야 한다.

법 제22조(출자 및 책임)

① 조합원은 정관으로 정하는 바에 따라 1좌 이상을 출자하여야 한다. 다만, 필요한 경우 정관으로 정하는 바에 따라 현물을 출자할 수 있다.

② 조합원 1인의 출자좌수는 총 출자좌수의 100분의 30을 넘어서는 아니 된다.

③ 조합원이 납입한 출자금은 질권의 목적이 될 수 없다.

④ 협동조합에 납입할 출자금은 협동조합에 대한 채권과 상계하지 못한다.

⑤ 조합원의 책임은 납입한 출자액을 한도로 한다.

(1) 출자

출자란 조합원이 조합의 운영에 소요되는 자금을 출연(出捐)하는 행위로 협동조합의 자본금은 조합원이 납입한 출자금의 총액으로 하고, 출자 1좌의 금액은 균일하게 정하여야한다.

사회적협동조합의 조합원은 정관으로 정하는 바에 따라 1좌 이상을 출자하여야 하고, 최저 · 최고 출자금액에 대한 제한은 없으며, 조합원 1인의 출자좌수는 총 출자좌수의 30%를 넘어서는 안 된다.

조합원 1인이 출자좌수 제한을 초과하여 출자하는 경우 제한을 초과한 출자금은 출자금으로써의 효력은 인정된다 할 것이나, 200만 원 이하의 과태료가 부과될 수 있다(법 제119조 제2항 제1호).

(2) 현물출자

사회적협동조합의 조합원은 필요한 경우 정관으로 정하는 바에 따라 현물출자를 할 수 있다.

현물출자의 경우 감정평가사의 평가를 받을 필요는 없으며, 정관에 객관적인 현물출자 자산의 평가방식(2인 이상의 감정평가사에 의한 감정평가액, 공시지가, 시가 등)의 기재로써 현물출자를 할 수 있다.

설립등기 시 현물출자가 있는 경우 현물출자재산인계서 또는 출자재산영수증(조합 명의로 발급 가능) 첨부하여야 한다.

(3) 출자금의 납부

사회적협동조합의 출자금은 일시 또는 분할하여 납부할 수 있다.

다만, 분할 납부를 할 경우에는 출자금 분할 납부방법 및 시기는 정관으로 정하되 분할납부에 따른 조합원의 권리발생 시점을 명확히 규정할 필요가 있다.

(4) 출자금의 사용

사회적협동조합의 출자금은 사업운영 등을 위해서면 사용할 수 있으며 개인명의로는 사용이 금지된다.

임직원 또는 청산인이 사용목적 이외의 다른 용도로 자금을 사용하거나 투기를 목적으로 협동조합의 재산을 처분하거나 이용하여 협동조합에 손해를 끼친 때에는 7년 이하의 징역 또는 7천만 원 이하의 벌금에 처해질 수 있다(병과 가능, 법 제117조 제1항).

사회적협동조합의 조합원이 납입한 출자금은 질권(質權)[2]의 목적이 될 수 없으며, 협동조합에 납입할 출자금은 협동조합에 대한 채권(債權)과 상계하지 못한다.

이는 사회적협동조합에 가입할 설립동의자가 사회적협동조합에 대해 행사할 수 있는 자신의 채권과 상계 처리하여 출자금 납입을 갈음하는 행위 등을 금지함으로써 사회적협동조합 운영의 기초가 되는 자본금(출자금납입총액)을 안정적으로 확보하고자 하는 취지이다.

(5) 출자금과 조합원의 책임

사회적협동조합의 조합원의 책임은 납입한 출자액을 한도로 하므로, 조합원에게 출자금 이외에 협동조합의 채무를 변제하도록 요구할 수 없다.

---

2) 질권이란 채권자가 채무담보로서 채무자나 제3자로부터 인수한 동산·권리를 채무변제가 있을 때까지 유치하여 채무변제를 강제하다가, 채무자가 변제하지 않을 경우 그 동산·권리를 현금화하여 우선적으로 담보 받을 수 있는 담보물권이다(민법 제329조, 제345조).

3) 의결권 및 선거권(법 제23조 준용)

법 제23조(의결권 및 선거권)

① 조합원은 출자좌수에 관계없이 각각 1개의 의결권과 선거권을 가진다.

② 조합원은 대리인으로 하여금 의결권 또는 선거권을 행사하게 할 수 있다. 이 경우 그 조합원은 출석한 것으로 본다.

③ 제2항에 따른 대리인은 다른 조합원 또는 본인과 동거하는 가족(조합원의 배우자, 조합원 또는 그 배우자의 직계 존속 · 비속과 형제자매, 조합원의 직계 존속 · 비속 및 형제자매의 배우자를 말한다. 이하 같다)이어야 하며, 대리인이 대리할 수 있는 조합원의 수는 1인에 한한다.

④ 제2항에 따른 대리인은 정관으로 정하는 바에 따라 대리권을 증명하는 서면을 협동조합에 제출하여야 한다.

(1) 1인 1표 의결권 및 선거권

사회적협동조합의 조합원은 출자좌수에 관계없이 각각 1개의 의결권과 선거권을 가지며, 조합원의 의결권 · 선거권에 차등을 둔 경우에는 이를 무효로 하고, 200만 원 이하의 과태료가 부과된다(법 제119조 제2항 제3호).

법인조합원의 경우에는 대표 또는 법인이 지정한 직무수행대리자가 의결권 및 선거권을 행사한다.

(2) 대리인의 선임

사회적협동조합의 조합원은 대리인으로 하여금 의결권 또는 선거권을 행사하게 할 수 있으며, 이 경우 그 조합원은 출석한 것으로 간주된다.

대리인은 정관으로 정하는 바에 따라 대리권을 증명하는 서면(원본)을 협동조합에 제출하여야 하며, 대리인의 범위는 다른 조합원 또는 본인과 동거하는 가족이다(조합원의 배우자, 조합원 또는 그 배우자의 직계존속·비속과 형제자매, 조합원의 직계 존속·비속 및 형제자매의 배우자).

대리인이 대리할 수 있는 조합원의 수는 1인에 한하여 할 수 있다.

4) 탈퇴(법 제24조 준용)

법 제24조(탈퇴)

① 조합원은 정관으로 정하는 바에 따라 협동조합에 탈퇴의사를 알리고 탈퇴할 수 있다.

② 조합원이 다음 각 호의 어느 하나에 해당하면 당연히 탈퇴된다.

1. 조합원의 자격이 없는 경우
2. 사망한 경우
3. 삭제 〈2017. 8. 9.〉
4. 성년후견개시의 심판을 받은 경우
5. 조합원인 법인이 해산한 경우
6. 그 밖에 정관으로 정하는 사유에 해당하는 경우

③ 조합원지위의 양도 또는 조합원지분의 양도는 총회의 의결을 받아야 한다.

(1) 의의

탈퇴란 사회적협동조합이 존속하는 중에 조합원이 조합원으로서의 지위를 이탈하는 것으로 탈퇴에 의하여 조합원으로서의 지위에서 갖고 있던 일체의 권리·의무를 상실한다.

조합원은 정관으로 정하는 바에 따라 사회적협동조합에 탈퇴의사를 알리고 탈퇴할 수 있다.

(2) 당연탈퇴 사유

당연탈퇴란 조합원에게 협동조합 기본법상 규정된 일정한 사유가 발생하는 경우 조합원이 당연히 탈퇴되는 것을 의미한다.

당연탈퇴는 ❶ 조합원의 자격이 없는 경우, ❷ 사망한 경우, ❸ 성년후견개시의 심판을 받은 경우, ❹ 조합원인 법인이 해산한 경우, ❺ 그 밖에 정관으로 정하는 사유가 있는 경우에는 당연탈퇴 된다.

(3) 조합원 지위 및 지분 양도에 대한 총회의 의결

사회적협동조합 조합원의 지위 및 지분의 양도는 총회에서 총 조합원 과반수의 출석과 출석자 과반수의 찬성으로 의결한다(법 제24조).

조합원의 지위의 양도는 조합원으로서 갖고 있던 권리(의결권 및 선거권, 사업의 이용, 배당 등)와 의무(선거운동의 제한, 겸직금지 등)를 새로운 조합원에게 양도하는 것을 의미한다.

조합원의 지분의 양도는 탈퇴 조합원이 갖고 있는 지분을 새로운 조합원에게 양도하는 것으로 지분의 양수인은 양수한 지분에 관하여 양도인의 권리·의무를 승계하며 조합원으로 가입하는 것을 의미한다.

5) 제명(법 제25조 준용)

법 제25조(제명)

① 협동조합은 조합원이 다음 각 호의 어느 하나에 해당하면 해당 조합원을 제명할 수 있다.
  1. 정관으로 정한 기간 이상 협동조합의 사업을 이용하지 아니한 경우
  2. 출자 및 경비의 납입 등 협동조합에 대한 의무를 이행하지 아니한 경우
  3. 그 밖에 정관으로 정하는 사유에 해당하는 경우

② 협동조합은 제1항에 따라 조합원을 제명하고자 할 때에는 총회 개최 10일 전까지 해당 조합원에게 제명사유를 알리고, 총회에서 의견을 진술할 기회를 주어야 한다.

③ 제2항에 따른 의견진술의 기회를 주지 아니하고 행한 총회의 제명 의결은 해당 조합원에게 대항하지 못한다.

(1) 제명사유

제명이란 사회적협동조합이 특정한 조합원에 대하여 조합원의 지위를 박탈하는 것을 말한다.

제명사유는 ❶ 정관으로 정한 기간 이상 협동조합의 사업을 이용하지 않은 경우, ❷ 출자, 경비의 납입 등 협동조합에 대한 의무를 이행하지 않은 경우, ❸ 그 밖에 정관으로 정하는 사유에 해당하는 경우이다.

(2) 제명절차

총회 개최 10일 전까지 해당 조합원에게 제명사유를 알리고, 총회에서 의견을 진술할 기회를 부여하여야 한다. 의견진술의 기회를 주지 않고 행한 총회의 제명의결은 해당 조합원에게 대항하지 못한다.

총회에서 총 조합원 과반수의 출석과 출석자 3분의 2 이상 찬성의 의결로 제명한다.

6) 출자금환급청구권과 환급정지

법 제89조(출자금환급청구권과 환급정지)

① 탈퇴 조합원(제명된 조합원을 포함한다. 이하 이 조와 제90조에서 같다)은 탈퇴(제명을 포함한다. 이하 이 조와 제90조에서 같다) 당시 회계연도의 다음 회계연도부터 정관으로 정하는 바에 따라 그 출자금의 환급을 청구할 수 있다.

② 제1항에 따른 청구권은 2년간 행사하지 아니하면 시효로 인하여 소멸된다.

③ 사회적협동조합은 탈퇴 조합원이 사회적협동조합에 대한 채무를 다 갚을 때까지는 제1항에 따른 출자금의 환급을 정지할 수 있다.

(1) 출자금환급청구권

사회적협동조합의 탈퇴 및 제명된 조합원은 탈퇴 및 제명 당시 회계연도의 다음 회계연도부터 정관에 정하는 바에 따라 그 출자금의 환급청구가 가능하다.

협동조합은 영리법인으로서 조합원에게 배당이 가능한 구조이므로 각 조합원의 지분 개념으로 표현하나, 사회적협동조합은 비영리법인으로서 조합원에게 배당이 금지된 구조이므로 각 조합원의 지분 개념은 성립할 수 없고 출자금으로 표현한다.

출자금환급청구권은 청구권 발생시점(탈퇴, 제명 당시 회계연도의 다음 회계연도)으로부터 2년간 행사하지 않으면 시효로 인하여 소멸하는 점을 주의하여야 한다.

(2) 환급정지

사회적협동조합은 탈퇴 조합원이 사회적협동조합에 대한 채무를 다 갚을 때까지 출자금의 환급을 정지할 수 있다.

채무란 사회적협동조합으로부터의 차입금, 선급금, 외상판매대금 등 사회적협동조합에 대한 일체의 채무를 의미한다.

7) 탈퇴 조합원의 손실액 부담

법 제90조(탈퇴 조합원의 손실액 부담) 사회적협동조합은 사회적협동조합의 재산으로 그 채무를 다 갚을 수 없는 경우에는 제89조에 따른 출자금의 환급분을 계산할 때 정관으로 정하는 바에 따라 탈퇴 조합원이 부담하여야 할 손실액의 납입을 청구할 수 있다. 이 경우 제89조 제2항을 준용한다.

사회적협동조합의 재산으로 그 채무를 다 갚을 수 없는 경우에는 출자금의 환급분을 계산할 때 정관으로 정하는 바에 따라 탈퇴 조합원이 부담하여야 할 손실액의 납입 청구를 할 수 있다.

즉 탈퇴한 조합원이 납입의무를 이행하지 않은 출자액의 범위 내에서 부담하여야 할 손실액에 대한 납입 청구를 할 수 있는 것이다.

4. 사회적협동조합의 기관

1) 총회 · 대의원총회 · 이사회

(1) 총회(법 제28조 준용)

법 제28조(총회)

① 협동조합에 총회를 둔다.

② 총회는 이사장과 조합원으로 구성한다.

③ 이사장은 총회를 소집하며, 총회의 의장이 된다.

④ 정기총회는 매년 1회 정관으로 정하는 시기에 소집하고, 임시총회는 정관으로 정하는 바에 따라 필요하다고 인정될 때 소집할 수 있다.

⑤ 이사장은 총회 개최 7일 전까지 회의목적 · 안건 · 일시 및 장소를 정하여 정관으로 정한 방법에 따라 총회소집을 통지하여야 한다.

총회란 조합원 다수의 의사에 의하여 사회적협동조합의 의사를 결정하는 사회적협동조합의 필수기관 및 최고의사결정기관이다.

총회는 이사장과 조합원으로 구성되며, 이사장이 총회를 소집하고 총회의 의장이 된다.

총회는 정기총회와 임시총회로 구분되며, 정기총회는 매년 1회 정관으로 정하는 시기에 소집하며, 사업계획 및 예산의 승인, 결산보고서 및 감사보고서 승인을 위하여 회계연도 종료 후 3개월 이내에 개최하는 것이 통상적이다.

임시총회는 정관으로 정하는 바에 따라 필요하다고 인정될 때 소집한다.

이사장은 총회 개최 7일 전까지 회의목적, 안건, 일시 및 장소를 정하여 정관으로 정한 방법에 따라 총회소집 통지하여야 한다.

조합원의 의결권을 대리 행사하는 것도 가능하나, 대리인 자격은 다른 조합원 또는 본인과 동거하는 가족에 한정된다. 다만, 총회 의결방법으로 서면결의는 불가능하다.

(2) 총회의 의결사항(법 제29조 준용)

법 제29조(총회의 의결사항 등)

① 다음 각 호의 사항은 총회의 의결을 받아야 한다.

1. 정관의 변경
2. 규약의 제정·변경 또는 폐지
3. 임원의 선출과 해임
4. 사업계획 및 예산의 승인
5. 결산보고서의 승인
6. 감사보고서의 승인
7. 협동조합의 합병·분할·해산·휴업 또는 계속
8. 조합원의 제명

8의2. 탈퇴 조합원(제명된 조합원을 포함한다)에 대한 출자금 환급

9. 다른 협동조합에 대한 우선출자
10. 총회의 의결을 받도록 정관으로 정하는 사항
11. 그 밖에 이사장 또는 이사회가 필요하다고 인정하는 사항

② 제1항 제1호, 제7호, 제8호, 제8호의2, 제9호의 사항은 총 조합원 과반수의 출석과 출석자 3분의 2 이상의 찬성으로 의결하며, 그 밖의 사항은 총 조합원 과반수의 출석과 출석자 과반수의 찬성으로 의결한다.

사회적협동조합의 임직원 또는 청산인이 총회의 의결을 받아야 하는 사항에 대하여 의결을 받지 않고 집행한 경우에는 3년 이하의 징역 또는 3천만 원 이하의 벌금에 처한다(법 제117조 제2항 3호).

총 조합원 과반수의 출석과 출석자 3분의 2 이상의 찬성으로 의결할 수 있는 사항은 다음과 같다.

① 정관 변경

② 사회적협동조합의 합병, 분할, 해산, 휴업 또는 계속

③ 조합원의 제명

④ 탈퇴 조합원(제명된 조합원 포함)에 대한 출자금 환급

⑤ 다른 협동조합에 대한 우선출자

총 조합원 과반수의 출석과 출석자 과반수의 찬성으로 의결할 수 있는 사항은 다음과 같다.

① 규약의 제정, 변경 또는 폐지

② 임원의 선출과 해임

③ 사업계획 및 예산의 승인

④ 결산보고서의 승인

⑤ 감사보고서의 승인

⑥ 총회의 의결을 받도록 정관으로 정하는 사항

⑦ 그 밖에 이사장 또는 이사회가 필요하다고 인정하는 사항

(3) 대의원총회(법 제31조 준용)

법 제31조(대의원총회)

① 조합원 수가 대통령령으로 정하는 수를 초과하는 경우 총회를 갈음하는 대의원총회를 둘 수 있다.

② 대의원총회는 조합원 중에서 선출된 대의원으로 구성한다.
③ 대의원총회를 구성하는 대의원 정수는 대의원 선출 당시 조합원 총수의 100분의 10 이상이어야 한다. 다만, 그 대의원 총수가 100명을 초과하는 경우에는 100명으로 할 수 있다.
④ 대의원의 의결권 및 선거권은 대리인으로 하여금 행사하게 할 수 없다.
⑤ 대의원의 임기, 선출방법 및 자격 등 대의원총회의 운영에 필요한 사항은 정관으로 정한다.
⑥ 대의원총회에 관하여는 총회에 관한 규정을 준용하며, 이 경우 "조합원"은 "대의원"으로 본다. 다만, 대의원총회는 협동조합의 합병·분할 및 해산에 관한 사항은 의결할 수 없다.

대의원총회란 의사결정의 효율성을 위하여 총회에 갈음하여 협동조합의 의사를 결정하는 기관 조합원 중에서 선출된 대의원으로 구성되며, 조합원 수가 200인을 초과하는 경우 총회를 갈음하는 대의원총회를 구성할 수 있다(법 시행령 제9조).

대의원총회를 구성하는 대의원 정수는 대의원 선출 당시 조합원 총수의 10% 이상이다. 다만, 대의원 총수가 100명을 초과하는 경우에는 100명으로 정할 수 있다.

대의원의 의결권 및 선거권은 대리인이 행사할 수 없다. 협동조합의 합병, 분할 및 해산에 관한 사항은 총회 의결사항이므로 대의원총회에서 의결할 수 없다.

총회에 관한 규정 중 ❶ 이사장과 대의원으로 구성되며 이사장이 의장이 되는 사항, ❷ 정기총회 및 임시총회에 관한 사항, ❸ 이사장은 총회 개최 7일 전까지 회의목적, 안건, 일시 및 장소를 정하여 정관으로 정한 방법에 따라 총회소집 통지에 관한 사항은 대의원총회에 준용할 수 있다.

(4) 이사회(법 제32조 준용)

법 제32조(이사회)
① 협동조합에 이사회를 둔다.
② 이사회는 이사장 및 이사로 구성한다.
③ 이사장은 이사회를 소집하고 그 의장이 된다.
④ 이사회는 구성원 과반수의 출석과 출석원 과반수의 찬성으로 의결하며, 그 밖에 이사회의 개의 및 의결방법 등 이사회의 운영에 관하여 필요한 사항은 정관으로 정한다.
⑤ 제1항에도 불구하고 조합원 수가 10인 미만인 협동조합은 총회의 의결을 받아 이사회를 두지 아니할 수 있다.

법 제33조(이사회의 의결사항) 이사회는 다음 각 호의 사항을 의결한다.
1. 협동조합의 재산 및 업무집행에 관한 사항
2. 총회의 소집과 총회에 상정할 의안
3. 규정의 제정 · 변경 및 폐지
4. 사업계획 및 예산안 작성
5. 법령 또는 정관으로 이사회의 의결을 받도록 정하는 사항
6. 그 밖에 협동조합의 운영에 중요한 사항 또는 이사장이 부의하는 사항

이사회란 사회적협동조합의 업무집행에 관한 의사를 결정하는 기관으로 이사장 및 이사로 구성되고, 이사장은 이사회를 소집하고 그 의장이 된다. 구성원 과반수의 출석과 출석자 과반수의 찬성으로 의결한다.

이사회에서 의결할 수 있는 사항은 ❶ 사회적협동조합의 재산 및 업무집행에 관한 사항, ❷ 총회의 소집과 총회에 상정할 의안, ❸ 규정의 제정과 변경 및 폐지, ❹ 사업계획 및 예산안 작성이다.

조합원 수가 10인 미만인 사회적협동조합은 총회의 의결을 받아 이사회를 두지 않을 수 있으며, 이 경우 정관에 법 제33조의 이사회의 의결사항 중 이사장이 결정할 사항과 총회에서 의결할 사항을 명시하여야 한다.

2) 임원(법 제34조 일부준용)

법 제34조(임원)
① 협동조합에 임원으로서 이사장 1명을 포함한 3명 이상의 이사와 1명 이상의 감사를 둔다.
② 이사의 정수 및 이사 · 감사의 선출방법 등은 정관으로 정한다.
③ 이사장은 이사 중에서 정관으로 정하는 바에 따라 총회에서 선출한다.

(1) 임원

사회적협동조합의 임원은 이사장 1명을 포함한 3명 이상의 이사와 1명 이상의 감사로 구성된다. 정관으로 정하는 경우에는 조합원이 아닌 자도 임원으로 선출될 수 있다.

이사장은 이사 중에서 총회에서 선출하여 하므로 이사장은 이사로 선임되는 것이 전제조건이 된다.

특히 법인이 조합원인 경우에는 임원으로 선출할 수 없는 점이 협동조합과 다른 점이므로 유의하여야 한다. 이는 사회적협동조합의 기관에 관한 준용규정(법 제92조)에서 법인 조합원이 임원일 경우를 규정하는 법 제34조 제4항을 준용하지 않기 때문이다.

감사는 반드시 총회에서 선출하여야 한다. 감사는 협동조합이 임의기관임에 반하여, 사회적협동조합에서는 반드시 설치하여야 하는 필수기관이다.

(2) 임원의 임기(법 제35조 준용)

법 제35조(임원의 임기 등)
① 임원의 임기는 4년의 범위에서 정관으로 정한다.
② 임원은 연임할 수 있다. 다만, 이사장은 두 차례만 연임할 수 있다.
③ 결원으로 인하여 선출된 임원의 임기는 전임자의 임기종료일까지로 한다.

사회적협동조합 임원의 임기는 4년의 범위에서 정관으로 정한다. 이사장은 2번만 연임이 가능하며, 이사장을 제외한 임원은 연임 횟수에 대한 제한이 없다.

결원이 발생할 경우 특별한 사유가 없다면 전임임원이 신규임원 선출 전까지 임원의 직무를 수행하도록 규정하는 것은 가능하다.

결원으로 인하여 선출된 임원의 임기는 전임자의 잔여임기로 하며, 새로운 임기를 시작할 수는 없다.

다만, 임기종료일이 얼마 남지 않은 경우 결원에 따른 임원을 선출하지 않을 수 있다.

3) 선거관리위원회의 구성 및 운영(법 제38조 준용)

법 제38조(선거관리위원회의 구성 · 운영)
① 협동조합은 임원 및 대의원 선거를 공정하게 관리하기 위하여 선거관리위원회를 구성 · 운영할 수 있다.
② 선기관리위원회의 기능 · 구성 및 운영 등에 관하여 필요한 사항은 정관으로 정할 수 있다.

사회적협동조합은 임원 및 대의원 선거를 공정하게 관리하기 위하여 선거관리위원회 기능과 구성 및 운영 등에 관하여 필요한 사항을 정관으로 정할 수 있다.

선거관리위원회는 위원장 및 위원으로 구성되어 후보자의 자격심사, 선거인명부의 확정, 선거인자격 이의신청에 대한 판정, 선거 관련 분쟁 조정, 선거운동방법 위반 여부의 심사, 위반 사례 발생에 대한 조치 등의 기능을 한다.

4) 임원 등의 결격사유(법 제36조 준용)

법 제36조(임원 등의 결격사유)

① 다음 각 호의 어느 하나에 해당하는 사람은 협동조합의 임원이나 제34조 제4항에 따른 임원의 직무를 수행할 사람이 될 수 없다.

1. 피성년후견인
2. 피한정후견인
3. 파산선고를 받고 복권되지 아니한 사람
4. 금고 이상의 실형을 선고받고 그 집행이 끝나거나(집행이 끝난 것으로 보는 경우를 포함한다) 집행이 면제된 날부터 3년이 지나지 아니한 사람
5. 금고 이상의 형의 집행유예를 선고받고 그 유예기간 중에 있는 사람
6. 금고 이상의 형의 선고유예를 받고 그 선고유예기간 중에 있는 사람

6의2. 「형법」 제303조 또는 「성폭력범죄의 처벌 등에 관한 특례법」 제10조에 규정된 죄를 범한 사람으로서 300만 원 이상의 벌금형을 선고받고 그 형이 확정된 후 2년이 지나지 아니한 사람

7. 법원의 판결 또는 다른 법률에 따라 자격이 상실 또는 정지된 사람

② 제1항 각 호의 사유가 발생하면 해당 임원이나 제34조 제4항에 따른 임원의 직무를 수행할 사람은 당연히 퇴직된다.

③ 제2항에 따라 퇴직된 임원이나 제34조 제4항에 따른 임원의 직무를 수행할 사람이 퇴직 전에 관여한 행위는 그 효력을 상실하지 아니한다.

사회적협동조합의 임원에 대한 결격사유는 행정정보공동이용센터(www.share.go.kr) 'e하나로 민원'의 결격사유 유무 조회를 통해서 조

회할 수 있고, 결격사유 유무는 대상자의 등록기준지가 속한 기초자치단체에 의뢰하는 것도 가능하다.

외국인이 임원인 경우 국내체류기간에 대한 범죄경력만 조회가 가능하며, 해당 지방경찰청에 외국인의 성명, 외국인등록번호, 국적을 기재하여 범죄사실에 대한 조회를 의뢰할 수 있다.

5) 결격사유 발생의 효과

사회적협동조합 임원에 대하여 결격사유가 발생하면 해당 임원이나 법인 임원의 직무를 수행할 사람은 당연히 퇴직된다.

그러나 퇴직된 임원이나 법인 임원의 직무를 수행한 사람이 퇴직 전에 관여한 행위는 그 효력을 상실하지 않는다.

6) 임원의 의무와 책임(법 제39조 준용)

법 제39조(임원의 의무와 책임)

① 임원은 이 법, 이 법에 따른 명령, 정관 · 규약 · 규정 및 총회와 이사회의 의결을 준수하고 협동조합을 위하여 성실히 그 직무를 수행하여야 한다.

② 임원이 법령 또는 정관을 위반하거나 그 임무를 게을리하여 협동조합에 손해를 가한 때에는 연대하여 그 손해를 배상하여야 한다.

③ 임원이 고의 또는 중대한 과실로 그 임무를 게을리하여 제3자에게 손해를 끼친 때에는 제3자에게 연대하여 그 손해를 배상하여야 한다.

④ 제2항 및 제3항의 행위가 이사회의 의결에 의한 것일 때에는 그 의결에 찬성한 이사도 제2항 및 제3항의 책임이 있다.

⑤ 제4항의 의결에 참가한 이사로서 명백한 반대의사를 표시하지 아니한 자는 그 의결에 찬성한 것으로 본다.

(1) 임원의 의무

사회적협동조합의 임원은 법령 및 총회 · 이사회의 의결을 준수하고 사회적협동조합을 위하여 성실히 그 직무를 수행하여야 한다.

(2) 임원의 책임

사회적협동조합의 임원이 법령 또는 정관을 위반하거나 그 임무를 게을리하여 사회적협동조합에 손해를 가한 경우 연대하여 손해배상을 하여야 한다.

또한 임원이 고의 또는 중대한 과실로 그 임무를 게을리하여 제3자에게 손해를 끼친 경우에도 제3자에게 연대하여 손해배상을 하여야 한다.

아울러 임원이 사회적협동조합이나 제3자에게 손해를 가한 행위가 이사회의 의결에 의한 것일 때에는 그 의결에 찬성한 이사도 연대하여 손해배상 책임을 진다.

이와 관련하여 임원이 사회적협동조합이나 제3자에게 손해를 가한 행위에 해당되는 사항의 의결에 참가한 이사로서 명백한 반대의사를 표시하지 아니한 자는 그 의결에 찬성한 것으로 본다.

기타 내용은 제2장 협동조합 편을 참고하면 된다.

7) 임원의 해임(법 제40조 준용)

법 제40조(임원의 해임)

① 조합원은 조합원 5분의 1 이상의 동의로 총회에 임원의 해임을 요구할 수 있다.

② 임원의 해임을 의결하려면 해당 임원에게 해임의 이유를 알리고, 총회에서 의견을 진술할 기회를 주어야 한다.

사회적협동조합 임원의 해임에 관한 구체적인 사유는 법령에서 정하고 있지 않으나, 협동조합 관계 법령 및 정관을 위반한 때에는 해임할 수 있다.

해임절차는 ❶ 조합원은 조합원 5분의 1 이상의 동의로 총회에 임원의 해임을 요구하고, ❷ 사회적협동조합은 해당 임원에게 해임의 이유를 알리고 총회에서 의견진술 기회를 부여하여야 하고, ❸ 총회는 총 조합원 과반수의 출석과 출석자 과반수의 찬성으로 임원의 해임을 결의할 수 있다.

8) 임원의 직무 관련 규정(법 제41조 · 제42조 준용, 제43조 일부준용)

법 제41조(이사장 및 이사의 직무)

① 이사장은 협동조합을 대표하고 정관으로 정하는 바에 따라 협동조합의 업무를 집행한다.

② 이사는 정관으로 정하는 바에 따라 협동조합의 업무를 집행하고, 이사장이 부득이한 사유로 직무를 수행할 수 없을 때에는 정관으로 정하는 순서에 따라 그 직무를 대행한다.

③ 제2항의 경우와 이사장이 권한을 위임한 경우를 제외하고는 이사장이 아닌 이사는 연합회를 대표할 수 없다.

법 제42조(감사의 직무)

① 감사는 협동조합의 업무집행상황, 재산상태, 장부 및 서류 등을 감사하여 총회에 보고하여야 한다.

② 감사는 예고 없이 협동조합의 장부나 서류를 대조 · 확인할 수 있다.

③ 감사는 이사장 및 이사가 이 법, 이 법에 따른 명령, 정관 · 규약 · 규정 또는 총회의 의결에 반하여 업무를 집행한 때에는 이사회에 그 시정을 요구하여야 한다.

④ 감사는 총회 또는 이사회에 출석하여 의견을 진술할 수 있다.

법 제43조(감사의 대표권)

① 협동조합이 이사장을 포함한 이사와 소송을 하는 때에는 감사가 협동조합을 대표한다.

법 제44조(임직원의 겸직금지)

① 이사장은 다른 협동조합의 이사장을 겸직할 수 없다.

② 이사장을 포함한 이사와 직원은 감사를 겸직할 수 없다.

③ 임원은 해당 협동조합의 직원을 겸직할 수 없다.

④ 제2항 및 제3항에도 불구하고 임원은 사업의 성격과 조합원의 구성 등을 고려하여 대통령령으로 정하는 바에 따라 직원을 겸직할 수 있다.

⑤ 협동조합의 임직원은 국회의원 또는 지방의회의원을 겸직할 수 없다.

법 시행령 제10조(협동조합 등 임직원의 겸직) 법 제44조 제4항(법 제79조에 따라 준용되는 경우를 포함하며, 이 경우 "협동조합"은 "협동조합연합회"로, "조합원"은 "전체 회원 조합에 속하는 총 조합원"으로 본다)에 따라 협동조합이 다음 각 호의 어느 하나에 해당하는 경우에는 해당 협동조합의 임원이 직원을 겸직할 수 있다.

1. 조합원의 3분의 2 이상이 직원이고, 조합원인 직원이 전체 직원의 3분의 2 이상인 경우(임원이 직원을 겸직하기 전의 시점을 기준으로 한다)
2. 조합원 수가 10인 이하인 경우
3. 그 밖에 협동조합의 규모 · 자산 · 사업 등을 고려하여 임원이 직원을 겸직할 필요가 있는 경우로서 기획재정부장관이 정하여 고시하는 경우

법 시행령 제20조(사회적협동조합 등 임직원의 겸직)

① 사회적협동조합 및 사회적협동조합연합회는 법 제92조, 제115조 제1항에서 준용되는 법 제44조 제4항에 따라 직원을 겸직하는 임원 수가 임원 총수의 3분의 1을 초과하지 않는 범위에서 임원이 직원을 겸직할 수 있다. 다만, 사회적협동조합 또는 사회적협동조합연합회가 제10조 각 호의 어느 하나에 해당하는 경우에는 임원 총수의 3분의 1을 초과하여 임원이 직원을 겸직할 수 있다.

5. 사회적협동조합의 사업

1) 주사업

법 제93조(사업)

① 사회적협동조합은 다음 각 호의 사업 중 하나 이상을 주사업으로 하여야 한다.

1. 지역(시 · 도의 관할 구역을 말하되, 실제 생활권이 둘 이상인 시 · 도에 걸쳐 있는 경우에는 그 생활권 전체를 말한다. 이하 이 호에서 같다) 사회의 재생, 지역 경제의 활성화, 지역 주민들의 권익 · 복리 증진 및 그 밖에 지역사회가 당면한 문제 해결에 기여하는 사업
2. 대통령령으로 정하는 취약계층에 복지 · 의료 · 환경 등의 분야에서 사회서비스를 제공하는 사업
3. 대통령령으로 정하는 취약계층에 일자리를 제공하는 사업
4. 국가 · 지방자치단체로부터 위탁받은 사업
5. 그 밖에 공익증진에 이바지 하는 사업

② 제1항 각 호에 따른 주사업은 협동조합 전체 사업량의 100분의 40 이상이어야 한다.

③ 제1항 각 호에 따른 주사업의 판단기준은 대통령령으로 정한다.

④ 제1항부터 제3항까지에서 규정한 사항 외에 사회적협동조합의 사업에 관하여는 제45조를 준용한다. 이 경우 "협동조합"은 "사회적협동조합"으로 본다.

법 시행령 제21조(주사업의 판단 기준 및 방법)

① 법 제93조 제1항에 따른 사회적협동조합의 주사업의 판단기준은 다음 각 호의 구분에 따른다.

1. 법 제93조 제1항 제1호의 사업 : 다음 각 목의 어느 하나에 해당하는 사업일 것
   가. 지역특산품 · 자연자원 활용사업 등 지역의 인적 · 물적 자원을 활용하여 지역사회의 재생 및 지역 경제의 활성화에 기여하는 사업
   나. 지역 주민의 생활환경 개선사업 등 지역 주민의 권익과 복리를 증진시키는 사업
   다. 그 밖에 지역사회가 당면한 문제 해결에 기여하는 사업
2. 법 제93조 제1항 제2호의 사업 : 「사회적기업 육성법」 제2조 제2호의 취약계층이나 그 밖에 기획재정부장관이 정하는 취약계층에 사회서비스를 제공하는 사업으로서 다음

각 목의 어느 하나에 해당하는 사업일 것
가. 교육, 보건 · 의료, 사회복지, 환경 및 문화 분야의 관련 사업
나. 보육, 간병 및 가사 지원 서비스를 제공하는 사업
다. 「직업안정법」 제2조의2 제9호에 따른 고용서비스를 제공하는 사업
라. 그 밖에 기획재정부령으로 정하는 사업
3. 법 제93조 제1항 제3호의 사업 : 조직의 주된 목적이 「사회적기업 육성법」 제2조 제2호의 취약계층이나 그 밖에 기획재정부장관이 정하는 취약계층에 일자리를 제공하는 사업일 것
② 제1항에서 규정한 사항 외에 주사업의 판단 기준 및 방법 등에 관하여 필요한 사항은 기획재정부령으로 정한다.

법 시행규칙 제17조(사회적협동조합의 주사업 판단기준)
① 영 제21조 제1항 제1호 가목에 따른 주사업은 다음 각 호의 사업으로 한다.
1. 지역특산품 · 자연자원 활용사업
2. 전통시장 · 상가 활성화 사업
3. 농산물 · 임산물 · 축산물 · 수산물의 생산 및 유통에 관한 사업
4. 그 밖에 지역의 인적 · 물적 자원을 활용하여 지역사회를 재생시키고 지역 경제를 활성화하여 지역사회에 기여하는 사업으로서 기획재정부장관이 정하여 고시하는 사업
② 영 제21조 제1항 제1호 나목에 따른 주사업은 다음 각 호의 사업으로 한다.
1. 지역 주민의 생활환경 개선사업
2. 지역의 공중접객업소에 대한 위생 개선사업
3. 지역의 감염병 또는 질병 예방에 관한 사업
4. 지역의 재해, 화재 또는 안전사고의 예방에 관한 사업
5. 지역 주민의 고충 상담을 위한 사업
6. 지역 주민에게 사회서비스를 제공하는 사업
7. 그 밖에 지역 주민들의 권익과 복리를 증진하는 사업으로서 기획재정부장관이 정하여 고시하는 사업
③ 영 제21조 제1항 제2호 라목에서 "기획재정부령으로 정하는 사업"이란 다음 각 호의 어느 하나에 해당하는 사업을 말한다.
1. 예술 · 관광 및 운동 분야의 사업
2. 산림 보전 및 관리 서비스를 제공하는 사업
3. 문화재 보존 또는 활용과 관련된 사업
4. 청소 등 사업시설 관리 사업
5. 범죄 예방 및 상담치료 관련 사업
6. 그 밖에 취약계층에 사회서비스를 제공하는 사업으로서 기획재정부장관이 정하여 고시

하는 사업

④ 기획재정부장관이나 관계 중앙행정기관의 장은 사회적협동조합의 목적사업이 제1항 및 제2항의 주사업에 해당하는지를 판단할 때에 필요하면 시·도지사에게 의견의 제출을 요청할 수 있다.

⑤ 제1항부터 제4항까지에서 규정한 사항 외에 주사업의 판단기준에 관하여 필요한 사항은 기획재정부장관이 정하여 고시한다.

법 시행규칙 제18조(사회적협동조합의 주사업 판단 방법)

① 사회적협동조합의 목적사업이 법 제93조 제1항 각 호의 주사업에 해당하는지를 판단하는 경우에는 다음 각 호의 구분에 따른다.

1. 목적사업이 법 제93조 제1항 제1호 또는 제5호에 해당하는 경우 : 다음 각 목의 어느 하나에 해당하는 기준을 충족할 것
   가. 수입·지출 예산서상 전체 사업비의 100분의 40 이상을 주사업 목적으로 지출할 것
   나. 사업계획서상 주사업에 해당하는 서비스 대상인원, 시간, 횟수 등이 전체 서비스의 100분의 40 이상일 것
2. 목적사업이 법 제93조 제1항 제2호에 따라 취약계층에 사회서비스를 제공하는 경우 : 사업계획서상 취약계층에 제공된 사회서비스 대상인원, 시간, 횟수 등이 전체 사회서비스의 100분의 40 이상일 것
3. 목적사업이 법 제93조 제1항 제3호에 따라 취약계층에 일자리를 제공하는 경우: 다음 각 목의 어느 하나에 해당하는 기준을 충족할 것
   가. 취약계층에 속하는 직원에게 지급한 인건비 총액이 수입·지출 예산서상 전체 인건비 총액의 100분의 40 이상일 것
   나. 취약계층에 속하는 직원이 사업계획서상 전체 직원의 100분의 40 이상일 것
4. 목적사업이 법 제93조 제1항 제4호에 해당하는 경우 : 수입·지출 예산서상 전체 사업비의 100분의 40 이상이 국가 및 지방자치단체로부터 위탁받은 사업의 예산일 것
5. 목적사업이 법 제93조 제1항 제1호부터 제5호까지의 사업에 중복하여 해당하는 경우 : 법 제93조 제1항 제1호부터 제5호까지의 사업에 해당하는 비율의 합이 100분의 40 이상일 것

② 기획재정부장관은 제1항에서 정한 사항 외에 사회적협동조합의 주사업의 판단 방법에 관하여 필요한 사항을 정하여 고시할 수 있다.

(1) 사회적협동조합은 설립 목적을 달성하기 위하여 필요한 사업을 자율적으로 정관으로 정하여야 한다.

사회적협동조합은 정관상 설립 목적을 달성하기 위한 사업을 수행할 수 있으므로 정관에 협동조합 고유의 설립목적을 구체적으로 기재하여야 한다.

정관상 사업이 사회적협동조합의 설립 목적을 달성하기 위하여 필요한 사업인지 판단하여 그에 부합하는 사업을 정하여야 한다.

(2) 사회적협동조합은 법 제93조 제1항 각호에 따른 사업 중 하나 이상을 주사업으로 수행하여야 하며, 주사업은 전체 사업량의 40% 이상이어야 한다.

주사업의 유형에는 ❶ 지역사회의 재생, 지역 경제의 활성화, 지역 주민들의 권익과 복리증진 및 그 밖에 지역사회가 당면한 문제 해결에 기여하는 사업(지역사업형), ❷ 취약계층[3]에게 복지, 의료, 환경 등의 분야에서 사회서비스를 제공하는 사업(취약계층 사회서비스 제공형), ❸ 취약계층에게 일자리를 제공하는 사업(취약계층 고용형), ❹ 국가, 지방자치단체로부터 위탁받은 사업(위탁사업형), ❺ 그 밖에 공익증진에 기여하는 사업(기타 공익증진형) 등이 있다.

3) 취약계층이란 자신에게 필요한 사회서비스를 시장가격으로 구매하는 데에 어려움이 있거나 노동시장의 통상적인 조건에서 취업이 특히 곤란한 계층을 말한다(「사회적기업 육성법」 제2조 제2호).

2) 기타사업(법 제45조 준용)

법 제45조(사업)

① 협동조합은 설립 목적을 달성하기 위하여 필요한 사업을 자율적으로 정관으로 정하되, 다음 각 호의 사업은 포함하여야 한다.

1. 조합원과 직원에 대한 상담, 교육 · 훈련 및 정보 제공 사업
2. 협동조합 간 협력을 위한 사업
3. 협동조합의 홍보 및 지역사회를 위한 사업

② 협동조합의 사업은 관계 법령에서 정하는 목적 · 요건 · 절차 · 방법 등에 따라 적법하고 타당하게 시행되어야 한다.

③ 협동조합은 제1항과 제2항에도 불구하고 「통계법」 제22조 제1항에 따라 통계청장이 고시하는 한국표준산업분류에 의한 금융 및 보험업을 영위할 수 없다.

(1) 사회적협동조합은 법 제45조의 사업을 반드시 필수사업으로 포함하여야 하므로 정관의 기타사업에 반드시 명시하여야 한다.

사회적협동조합의 사업에는 ❶ 조합원과 직원에 대한 상담, 교육, 훈련 및 정보 제공 사업, ❷ 협동조합 간 협력을 위한 사업, ❸ 협동조합의 홍보 및 지역사회를 위한 사업이 반드시 포함되어 있어야 한다.

(2) 사회적협동조합의 사업은 관계 법령에서 정하는 목적, 요건, 절차, 방법 등에 따라 적법하고 타당하게 시행되어야 한다.

기타 내용은 제2장 협동조합 편을 참고하면 된다.

3) 소액대출

법 제94조(조합원에 대한 소액대출 및 상호부조)

① 사회적협동조합은 제93조 제4항에서 준용하는 제45조 제3항에도 불구하고 상호복리 증진을 위하여 주사업 이외의 사업으로 정관으로 정하는 바에 따라 조합원을 대상으로 납입 출자금 총액의 한도에서 소액대출과 상호부조를 할 수 있다. 다만, 소액대출은 납입 출자금 총액의 3분의 2를 초과할 수 없다.

② 제1항의 사업에 따른 소액대출 이자율, 대출한도, 상호부조의 범위, 상호부조금, 상호부조계약 및 상호부조회비 등 필요한 세부 사항은 대통령령으로 정한다.

법 시행령 제22조(조합원에 대한 소액대출)

① 법 제94조 제1항에 따른 소액대출(이하 이 조에서 "소액대출"이라 한다)의 한도는 다음 각 호의 사항 등을 고려하여 각 사회적협동조합의 정관으로 정한다.

1. 조합원의 수
2. 출자금 규모
3. 소액대출의 종류

② 소액대출 이자율은 각 사회적협동조합의 정관으로 정한다. 이 경우 소액대출 이자율의 최고 한도는 한국은행이 발표하는 신규취급액 기준 예금은행 가계대출 가중평균금리를 고려하여 정한다.

③ 소액대출의 연체이자율은 각 사회적협동조합의 정관으로 정한다. 이 경우 연체이자율의 최고한도는 「이자제한법」 제2조 제1항에 따른 최고이자율을 넘을 수 없다.

④ 소액대출 사업은 법 제93조의 주사업 및 그 밖의 사업과 구분하여 따로 회계처리되어야 한다.

(1) 의의

소액대출은 조합원이 긴급하게 필요한 생계비, 주택자금, 사업운영자금 등 소액자금 신용대출해 주는 사업이다.

사회적협동조합은 상호복리 증진을 위하여 주사업 이외의 사업으로 정관으로 정하는 바에 따라 조합원을 대상으로 납입 출자금 총액의 3분의 2 한도에서 소액대출이 가능하다.

(2) 소액대출 한도

소액대출은 납입 출자금 총액의 3분의 2를 초과할 수 없고, 소액대출의 한도는 조합원의 수, 출자금 규모, 소액대출의 종류 등을 고려하여 사회적협동조합의 정관으로 정한다.

(3) 소액대출 이자율

소액대출에 관한 연체이자율은 각 사회적협동조합의 정관으로 정하되, 소액대출이자율의 최고 한도는 한국은행이 발표하는 신규취급액 기준 예금은행 가계대출 가중평균금리를 고려하여야 하고, 연체이자율의 최고한도는 「이자제한법」 제2조 제1항에 따른 최고이자율(연 24%)을 넘을 수 없다.

(4) 소액대출 회계

소액대출사업은 주사업 및 그 밖의 사업과 구분하여 특별회계 등으로 따로 회계처리를 하여야 한다.

(5) 정관 기재사항

소액대출과 관련하여서는 대출자격, 1인당 대출한도, 대출이자율, 연체이자율, 대출위험관리, 회계에 관한 사항을 정관에 기재하여야 한다.

또한 대출을 받고 사회적협동조합을 탈퇴하거나 무분별한 대출신청 등 악용의 소지가 있으므로, 대출자격과 소액대출 사업운영에 따른 손실에 대비하기 위한 적정수준의 충당금 적립의무가 필요하며 대출위험 관리에 관한 내용을 명시하여야 한다.

사회적협동조합이 소액대출의 총사업한도, 이자율, 대출한도 등을 초과하게 한 경우 200만 원 이하의 과태료가 부과된다(법 제119조 제2항 제5호).

4) 상호부조

법 제94조(조합원에 대한 소액대출 및 상호부조)

① 사회적협동조합은 제93조 제4항에서 준용하는 제45조 제3항에도 불구하고 상호복리 증진을 위하여 주사업 이외의 사업으로 정관으로 정하는 바에 따라 조합원을 대상으로 납입 출자금 총액의 한도에서 소액대출과 상호부조를 할 수 있다. 다만, 소액대출은 납입 출자금 총액의 3분의 2를 초과할 수 없다.

② 제1항의 사업에 따른 소액대출 이자율, 대출한도, 상호부조의 범위, 상호부조금, 상호부조계약 및 상호부조회비 등 필요한 세부 사항은 대통령령으로 정한다.

법 시행령 제23조(조합원에 대한 상호부조)

① 법 제94조 제1항에 따른 상호부조(이하 이 조에서 "상호부조"라 한다)는 조합원들이 조합원 간 상부상조를 목적으로 각자 나누어 낸 상호부조회비를 적립금으로 하여 그 적립금으로 상호부조회비를 낸 조합원에게 혼례, 사망, 질병 등 사회적협동조합의 정관에서 정하는 사유가 생긴 경우에 일정 금액의 상호부조금을 지급하는 사업으로 한다.

② 제1항에 따른 상호부조금의 지급 사유와 사유별로 지급되는 상호부조금의 한도 등 상호부조금의 지급에 필요한 사항은 각 사회적협동조합의 정관으로 정한다.

③ 법 제94조 제2항에 따른 상호부조계약과 상호부조회비에 관하여 필요한 사항은 각 사회적협동조합의 정관으로 정한다.

④ 상호부조를 위한 적립금은 법 제93조의 주사업 및 그 밖의 사업과 구분하여 따로 회계처리 되어야 한다.

(1) 의의

상호부조란 조합원간 상부상조를 목적으로 각자 나누어 낸 상호부조회비를 적립금으로 하여 그 적립금으로 상호부조회비를 낸 조합원에게 혼례, 사망, 질병 등 사회적협동조합의 정관에서 정하는 사유가 생긴 경우에 일정 금액의 상호부조금을 지급하는 사업이다.

조합원이 낸 회비로 운영하여야 하며 출자금 또는 차입금 등을 기금으로 운영할 수는 없고, 소액대출은 대출금 상환을 전제로 하는 반면, 상호부조는 상환을 전제로 하지는 않는다.

(2) 상호부조의 정관 기재사항

상호부조금의 지급 사유, 사유별로 지급되는 상호부조금의 한도 등 상호부조금의 지급에 필요한 사항은 정관의 기재사항이다.

적립금 운용은 적립한 기금 운용에 관한 사항은 정관에서 정할 수 있으나 적립된 기금이 주식, 회사채, 기타 시장성 증권에 투자하지 않도록 하여야 한다.

상호부조 사업의 대손 위험을 관리하기 위하여 정관에 적절한 대손 위험 관리방안이 있는지 확인하여야 하고, 상호부조 계약은 협동조합과 조합원 간에 직접 이루어져야 하며 금융기관이나 보험기관 등 제3의 판매조직을 통한 계약은 할 수 없다.

(3) 상호부조의 회계

상호부조를 위한 적립금은 주사업 및 그 밖의 사업과 구분하여 특별회계 등으로 따로 회계처리 하여야 한다.

사회적협동조합이 상호부조의 총사업 한도, 상호부조의 범위, 상호부조금, 상호부조계약 및 상호부조회비 등을 초과하게 한 경우 200만원 이하의 과태료가 부과된다(법 제119조 제2항 제5호).

5) 사업의 이용

법 제95조(사업의 이용) 사회적협동조합은 대통령령으로 정하는 사업을 제외하고는 정관으로 정하는 바에 따라 조합원이 아닌 자에게 그 사업을 이용하게 할 수 있다.

법 시행령 제24조(사회적협동조합 등의 조합원 등이 아닌 자의 사업 이용)

① 법 제95조에 따라 사회적협동조합이 조합원이 아닌 자에게 그 사업을 이용하게 할 수 없는 사업은 다음 각 호의 어느 하나에 해당하는 사업으로 한다.

1. 법 제94조 제1항에 따른 소액대출 및 상호부조 사업
2. 의료기관을 개설한 사회적협동조합의 보건·의료 사업
3. 그 밖에 사회적협동조합의 사업 성격·유형 등을 고려하여 기획재정부령으로 정하는 사업

② 제1항 제2호에도 불구하고 보건·의료 사업을 하는 사회적협동조합은 총공급량의 100분의 50의 범위에서 조합원이 아닌 자에게 보건·의료 서비스를 제공할 수 있다.

법 시행령 제25조(보건·의료 사업을 하는 사회적협동조합의 조합원이 아닌 자의 사업 이용)

① 제24조 제2항에 따라 사회적협동조합이 보건·의료 서비스를 제공할 수 있는 조합원이 아닌 자의 범위는 다음 각 호와 같다.

1. 「응급의료에 관한 법률」 제2조 제1호에 따른 응급환자
2. 「의료급여법」 제3조에 따른 수급권자
3. 「장애인고용촉진 및 직업재활법」 제2조 제1호에 따른 장애인
4. 「한부모가족지원법」 제5조 및 제5조의2에 따른 지원대상자
5. 「재한외국인 처우 기본법」 제2조 제3호에 따른 결혼이민자
6. 보건복지부장관이 정하여 고시하는 희귀난치성질환을 가진 사람
7. 해당 사회적협동조합이 개설한 의료기관이 소재하는 시·도의 관할 구역에 주소·거소·사업장 또는 근무지가 있는 사람
8. 조합원과 같은 가구에 속하는 사람
9. 그 밖에 기획재정부장관이 관계 중앙행정기관의 장과 협의하여 보건·의료 서비스를 제공할 필요가 있다고 인정하는 사람

② 제24조 제2항에 따른 총공급량의 산정기준은 직전 연도 매출액 또는 서비스 이용인원 중 사회적협동조합이 선택하는 기준을 적용하되, 제1항 제8호에 해당하는 사람에게 보건·의료 서비스를 제공하는 경우에 해당 조합원이 이사회의 승인을 받은 경우에는 그 조합원이 이용한 것으로 보아 총공급량을 산정한다.

(1) 의의

사업의 이용이란 조합원이 소비자, 사업자, 직원의 지위에서 사회적협동조합이 제공하는 물품 및 서비스 등을 이용하는 것을 말한다.

(2) 적용범위

사회적협동조합은 원칙적으로 정관으로 정하는 바에 따라 조합원이 아닌 자가 사업을 이용하게 할 수 있으나, ❶ 법 제94조 제1항에 따른 소액대출 및 상호부조 사업, ❷ 의료기관을 개설한 사회적협동조합의 보건 및 의료사업, ❸ 그 밖에 사회적협동조합의 사업 성격 및 유형 등을 고려하여 기획재정부장관이 정하여 고시하는 사업은 조합원이 아닌 자에게는 사업을 이용하게 할 수 없다.

보건 및 의료 사회적협동조합은 총 공급량의 100분의 50의 범위에서 조합원이 아닌 자에게 보건 및 의료서비스 제공할 수 있다. 총공급량의 산정기준은 직전 연도 매출액 또는 서비스 이용자 중 사회적협동조합이 선택하는 기준이 적용된다.

조합원과 같은 가구에 속하는 사람에게 보건 및 의료 서비스를 제공하는 경우 해당 조합원이 이사회의 승인을 받은 경우에는 그 조합원이 이용한 것으로 간주한다.

6) 공공기관의 우선구매

법 제95조의2(공공기관의 우선 구매)

① 「중소기업제품 구매촉진 및 판로지원에 관한 법률」 제2조 제2호에 따른 공공기관의 장은 구매하려는 재화나 서비스에 사회적협동조합이 생산하는 재화나 서비스가 있는 경우

에는 해당 재화나 서비스의 우선 구매를 촉진하여야 한다.
② 제1항에 따른 공공기관의 장은 사회적협동조합이 생산하는 재화나 서비스의 구매 증대를 위한 구매 계획과 전년도 구매 실적을 기획재정부장관에게 통보하여야 한다.
③ 제2항에 따른 구매 계획과 구매 실적의 통보에 필요한 사항은 대통령령으로 정한다.

법 시행령 제26조(구매 계획과 구매 실적의 통보) 법 제95조의2 제2항에 따라 「중소기업제품 구매촉진 및 판로지원에 관한 법률」 제2조 제2호에 따른 공공기관의 장은 매년 2월 말일까지 사회적협동조합이 생산하는 재화나 서비스(이하 이 조에서 "사회적협동조합제품"이라 한다)의 해당 연도 구매 계획 및 전년도 구매 실적과 해당 기관의 총구매액에 대한 사회적협동조합제품의 구매액 비율을 기획재정부장관에게 통보하여야 한다.

(1) 의의

「중소기업제품 구매촉진 및 판로지원에 관한 법률」 제2조 제2호에 따른 공공기관[4] 의장이 구매하려는 재화나 서비스에 사회적협동조합이 생산하는 재화나 서비스가 있는 경우에는 해당 재화나 서비스의 우선 구매를 촉진하여야 한다.

(2) 국가와 지방자치단체의 사회적협동조합 제품 우선구매 촉진

국가와 지방자치단체는 취약계층을 30% 이상 고용한 사회적협동조합과는 물품의 제조 및 구매계약 또는 용역계약에 관하여 수의계약 할 수 있다. 추정가격이 2천만 원 초과 5천만 원 이하의 계약인 경우에도 수의계약이 가능하다(국가계약법 시행령 제26조(1919. 3. 5.), 지방계약법 시

4) 「중소기업제품 구매촉진 및 판로지원에 관한 법률」 제2조 제2호에 따른 공공기관은 국가기관, 지방자치단체(교육청 포함), 특별법에 따라 설립된 법인 중 대통령령으로 정하는 자, 「공공기관 운영에 관한 법률」 제5조에 따른 공공기관, 지방공기업법에 따른 지방공사 및 지방공단, 지방의료원의 설립 및 운영에 관한 법률에 따른 지방의료원 등이다(「중소기업제품 구매촉진 및 판로지원에 관한 법률」 제2조 제2호).

행령 제25조(1918. 7. 24.)).

이 경우에는 한국사회적기업진흥원에서 발급한 취약계층고용비율확인서를 확인하여야 한다(계약체결일로부터 6개월 이내 발급).

(3) 구매계획과 구매실적 통보

우선구매 의무가 있는 공공기관의 장은 매년 2월 말일까지 사회적협동조합이 생산하는 재화나 서비스의 해당 연도 구매계획 및 전년도 구매실적과 해당 기관의 총구매액에 대한 사회적협동조합제품의 구매액 비율을 기획재정부장관에게 통보하여야 한다. 이러한 구매실적은 www.sepp.or.kr에 등록된다(우선구매실적/공공조달-계획/실적등록).

공공기관이 제출한 구매계획과 구매실적을 종합하여 협동조합 홈페이지 등 인터넷 홈페이지에 공고하며, 미제출 기관은 공고 시 별도로 공개할 예정이다.

사회적협동조합 우선구매실적 관련 평가는 지방자치단체 합동평가, 공공기관 정부권장정책 이행실적, 지방공기업 경영평가 등에 반영되고 있다.

(4) 사회적협동조합 제품 구매 관련 정보

권역별 공공구매 지원센터(1566-5365)에서는 관내 사회적경제 상품 발굴 및 공공기관 대상 사회적경제 기업 제품의 매칭과 제품 구매희망에 대하여 관련 제품을 추천하고 있으며, 사회적경제 통합 판로지원 플랫폼 e-store36.5+(www.sepp.or.kr)을 이용할 수도 있다.

기타 자세한 사항은 사회적협동조합 제품 우선구매 지침을 참고하면 된다(매년 초, 공문 발송 또는 www.coop.go.kr 자료실).

6. 사회적협동조합의 회계

1) 회계

(1) 회계연도(법 제47조 준용)

법 제47조(회계연도 등)
① 협동조합의 회계연도는 정관으로 정한다.
② 협동조합의 회계는 일반회계와 특별회계로 구분하되, 각 회계별 사업부문은 정관으로 정한다.

회계란 재산의 증감, 변동, 수입과 지출, 처리 등 재무에 대한 처리를 말하며, 회계연도란 수입과 지출을 구분하는 기간으로서 통상 1년을 1회계연도라고 한다.

사회적협동조합의 회계는 일반회계와 특별회계로 구분하며, 각 회계별 사업부분은 정관으로 정한다.

기타 내용은 제2장 협동조합 편을 참고하면 된다.

(2) 사업계획서와 수지예산서(법 제48조 준용)

법 제48조(사업계획서와 수지예산서) 협동조합은 매 회계연도의 사업계획서와 수지예산서를 작성하여 총회의 의결을 받아야 한다.

이사회에서 매 회계연도의 사업계획서와 수지예산서를 작성하고, 총회에서 총 조합원 과반수의 출석과 출석자 과반수의 찬성으로 의결한다.

(3) 운영의 공개

법 제96조(운영의 공개)

① 사회적협동조합은 다음 각 호의 사항을 적극 공개하여야 한다.

1. 정관과 규약 또는 규정
2. 총회·이사회의 의사록
3. 조합원명부
4. 회계장부
5. 그 밖에 정관으로 정하는 사항

② 사회적협동조합은 제1항 각 호의 사항이 포함된 서류를 주된 사무소에 갖추어 두어야 한다.

③ 협동조합의 채권자와 조합원은 제1항 각 호의 사항이 포함된 서류를 열람하거나 그 사본을 청구할 수 있다.

사회적협동조합 운영의 공개사항은 ❶ 정관과 규약 또는 규정, ❷ 총회·이사회의 의사록, ❸ 조합원 명부, ❹ 회계장부, ❺ 그 밖에 정관으로 정하는 사항이다.

사회적협동조합은 운영의 공개사항을 주된 사무소에 갖추어 두어야 하며, 협동조합의 채권자 및 조합원은 이를 열람하거나 그 사본을 청구할 수 있다.

기타 내용은 제2장 협동조합 편을 참고하면 된다.

(4) 법정적립금 및 임의적립금

법 제97조(법정적립금 및 임의적립금)

① 사회적협동조합은 매 회계연도 결산의 결과 잉여금이 있는 때에는 해당 회계연도말 출자금 납입총액의 3배가 될 때까지 잉여금의 100분의 30 이상을 법정적립금으로 적립하여야 한다.

② 사회적협동조합은 정관으로 정하는 바에 따라 사업준비금 등을 임의적립금으로 적립할 수 있다.

③ 사회적협동조합은 손실의 보전에 충당하거나 해산하는 경우 외에는 법정적립금을 사용하여서는 아니 된다.

(가) 법정적립금

법정적립이란 법령에 의해 적립이 강제되어 있는 적립금으로 사회적협동조합은 매 회계연도 결산의 결과 잉여금이 있는 때에는 해당 회계연도 말 출자금 납입총액의 3배가 될 때까지 잉여금의 30% 이상을 적립하여야 한다.

사회적협동조합은 손실의 보전에 충당하거나 해산하는 경우 이외에는 법정적립금을 사용할 수 없다.

(나) 임의적립금

임의적립금이란 협동조합이 임의로 적립한 것으로 정관으로 정하는 바에 따라 적립이 가능하며 사업준비, 시설확장, 사업활성화, 결손보전 등으로 사용할 수 있다.

(5) 손실금의 보전

법 제98조(손실금의 보전과 잉여금의 배당)
① 사회적협동조합은 매 회계연도의 결산 결과 손실금(당기손실금을 말한다)이 발생하면 미처분이월금, 임의적립금, 법정적립금의 순으로 이를 보전하고, 보전 후에도 부족이 있을 때에는 이를 다음 회계연도에 이월한다.

손실금(당기손실금)이란 총수익이 총비용보다 적은 경우 발생하는 금액이다.

회계연도의 결산 결과 당기손실금이 발생하면 미처분이월금, 임의적립금, 법정적립금의 순으로 이를 보전하고, 보전 후에도 부족이 있을 때에는 이를 다음 회계연도에 이월한다.

(6) 잉여금의 배당금지

법 제98조(손실금의 보전과 잉여금의 배당)
② 사회적협동조합이 제1항에 따른 손실금을 보전하고 제97조에 따른 법정적립금 등을 적립한 이후에 발생하는 잉여금은 임의적립금으로 적립하여야 하고 이를 조합원에게 배당할 수 없다.

사회적협동조합은 손실금을 보전하고 법정적립금 등을 적립한 이후에 발생하는 잉여금은 임의적립금으로 적립하여야 하고 이를 조합원에게 배당할 수 없다.

잉여금을 조합원에게 배당할 수 있는 협동조합과 다른 점으로 사회적협동조합의 법인격이 비영리법인이기 때문이다.

(7) 부과금의 면제

법 제99조(부과금의 면제) 사회적협동조합의 사업과 재산에 대하여는 국가와 지방자치단체의 조세 외의 부과금을 면제한다.

부과금관리법 제4조(부담금의 부과요건등) 부담금 부과의 근거가 되는 법률에는 부담금의 부과 및 징수주체, 설치목적, 부과요건, 산정기준, 산정방법, 부과요율 등(이하 "부과요건등"이라 한다)이 구체적이고 명확하게 규정되어야 한다. 다만, 부과요건등의 세부적인 내용은 해당 법률에서 구체적으로 범위를 정하여 위임한 바에 따라 대통령령 · 총리령 · 부령 또는 조례 · 규칙으로 정할 수 있다.

부과금이란 중앙행정기관의 장, 지방자치단체의 장, 행정권한을 위탁받은 공공단체 또는 법인의 장 등 법률에 따라 금전적 부담의 부과권한을 부여받은 자가 분담금, 부과금, 기여금, 그 밖의 명칭에도 불구하고 재화 또는 용역의 제공과 관계없이 특정 공익사업과 관련하여 법률에서 정하는 바에 따라 부과하는 조세 외의 금전지급의무를 말한다(부담금관리기본법 제2조).

특정한 의무의 이행을 담보하기 위한 예치금 또는 보증금의 성격을 가진 것은 제외된다.

(8) 결산보고서의 승인(법 제52조 준용)

법 제52조(결산보고서의 승인)

① 협동조합은 정기총회일 7일 전까지 결산보고서(사업보고서, 대차대조표, 손익계산서, 잉여금처분안 또는 손실금처리안 등을 말한다)를 감사에게 제출하여야 한다.

② 협동조합은 제1항에 따른 결산보고서와 감사의 의견서를 정기총회에 제출하여 승인을 받아야 한다.

결산보고서는 ❶ 사업결산보고서(법 시행규칙 별지 제9호 서식), ❷ 재무제표(대차대조표 또는 재무상태표, 손익계산서 등), ❸ 잉여금처분안 또는 손실금처리안 등이 있다.

결산보고서는 ❶ 협동조합은 정기총회일 7일 전까지 결산보고서를 감사에게 제출하고, ❷ 협동조합은 결산보고서와 감사의견서를 정기총회에 제출하여, ❸ 총 조합원 과반수의 출석과 출석자 과반수의 찬성으로 의결하여 승인을 얻는다.

2) 경영공시 관계 법령

법 제96조의2(경영공시)

① 사회적협동조합은 기획재정부 또는 사회적협동조합연합회의 인터넷 홈페이지에 경영에 관한 다음 각 호의 사항에 대한 공시(이하 이 조에서 "경영공시"라 한다)를 하여야 한다.

1. 정관과 규약 또는 규정
2. 사업결산 보고서
3. 총회, 대의원총회 및 이사회의 활동 상황
4. 제93조 제4항에서 준용하는 제45조 제1항 제1호부터 제3호까지의 사업을 포함한 사업결과 보고서

② 제1항에도 불구하고 기획재정부장관은 경영공시를 대신하여 같은 항 각 호의 사항을 별도로 표준화하고 이를 통합하여 공시할 수 있다.

③ 기획재정부장관은 제2항에 따른 통합 공시를 하기 위하여 필요한 자료를 사회적협동조합에 요구할 수 있다. 이 경우 사회적협동조합은 특별한 사정이 없으면 그 요구에 따라야 한다.

④ 제1항부터 제3항까지에서 규정한 사항 외에 사회적협동조합의 경영공시 또는 통합 공시의 절차 등에 관하여 필요한 사항은 대통령령으로 정한다.

법 시행령 제27조(사회적협동조합 등의 경영공시) 법 제96조의2(법 제115조 제3항에 따라 준용되는 경우를 포함하며, 이 경우 "사회적협동조합"은 "사회적협동조합연합회"로 본다) 제1항 및 제2항에 따라 사회적협동조합은 매 회계연도의 결산일부터 4개월 이내에 법 제96조의2 제1항 각 호의 사항을 법 제96조의2 제2항에 따라 기획재정부장관이 지정하는 인터넷 사이트에 공시해야 한다.

법 시행규칙 제19조(사회적협동조합, 사회적협동조합연합회 및 이종협동조합연합회의 경영 공시)

① 영 제27조 및 제31조의7에 따라 공시하는 법 제96조의2 제1항 제2호의 사업결산 보고서는 별지 제23호서식과 같다.

② 영 제27조 및 제31조의7에 따라 공시하는 법 제96조의2 제1항 제3호의 총회, 대의원 총회 및 이사회 활동상황의 통합 공시 서식은 별지 제10호서식과 같다.

③ 영 제27조 및 제31조의7에 따라 공시하는 법 제96조의2 제1항 제4호의 사업결과 보고서는 별지 제24호서식(사회적협동조합의 경우), 별지 제24호의2서식(사회적협동조합연합회 및 이종협동조합연합회의 경우)과 같다. 다만, 법 제94조에 따른 소액대출 및 상호부조 사업의 결과 보고서(사회적협동조합만 해당한다)는 별지 제25호서식과 같다.

7. 사회적협동조합의 해산 및 청산

1) 근거법령

법 제102조(해산)

① 사회적협동조합은 다음 각 호의 어느 하나에 해당하는 사유로 해산한다.

1. 정관으로 정한 해산 사유의 발생
2. 총회의 의결
3. 합병 · 분할 또는 파산
4. 설립인가의 취소

② 사회적협동조합이 제1항 제1호부터 제3호까지의 규정에 따라 해산한 때에는 청산인은 파산의 경우를 제외하고는 그 취임 후 14일 이내에 기획재정부령으로 정하는 바에 따라 기획재정부장관에게 신고하여야 한다.

법 제103조(청산인)

① 사회적협동조합이 해산하면 파산으로 인한 경우 외에는 이사장이 청산인이 된다. 다만, 총회에서 다른 사람을 청산인으로 선임하였을 경우에는 그에 따른다.

② 청산인은 취임 후 지체없이 사회적협동조합의 재산상태를 조사하고 재산목록과 대차대조표를 작성한 다음 재산처분의 방법을 정하여 총회의 승인을 받아야 한다.
③ 청산사무가 종결된 때에는 청산인은 지체 없이 결산보고서를 작성하여 총회의 승인을 받아야 한다.
④ 제2항 및 제3항의 경우 총회를 2회 이상 소집하여도 총회가 구성되지 아니할 때에는 출석조합원 3분의 2 이상의 찬성이 있으면 총회의 승인이 있은 것으로 본다.
⑤ 기획재정부장관은 사회적협동조합의 청산 사무를 감독한다.

법 제104조(잔여재산의 처리) 사회적협동조합이 해산할 경우 부채 및 출자금을 변제하고 잔여재산이 있을 때에는 정관으로 정하는 바에 따라 다음 각 호의 어느 하나에 귀속된다.

1. 상급 사회적협동조합연합회
2. 유사한 목적의 사회적협동조합
3. 비영리법인·공익법인
4. 국고

법 제105조(「민법」 등의 준용) 사회적협동조합의 해산과 청산에 관하여는 「민법」 제79조, 제81조, 제87조, 제88조 제1항·제2항, 제89조부터 제92조까지, 제93조 제1항·제2항 및 「비송사건절차법」 제121조를 준용한다.

법 제108조(해산등기)
① 사회적협동조합이 해산한 경우에는 합병과 파산의 경우 외에는 주된 사무소의 소재지에서는 14일 이내에, 지사무소의 소재지에서는 21일 이내에 해산등기를 하여야 한다.
② 제1항에 따른 해산등기를 할 때에는 제4항의 경우 외에는 청산인이 신청인이 된다.
③ 해산등기신청서에는 해산 사유를 증명하는 서류를 첨부하여야 한다.
④ 기획재정부장관은 설립인가의 취소로 인한 해산등기를 촉탁하여야 한다.

법 제108조의2(준용규정) 제102조의2에 따라 해산한 것으로 본 사회적협동조합의 계속등기에 관하여는 제66조의2를 준용한다. 이 경우 "협동조합"은 "사회적협동조합"으로 본다.

법 제110조(준용규정) 사회적협동조합의 등기에 관하여는 제62조부터 제64조까지, 제67조, 제68조, 제69조 및 제70조를 준용한다. 이 경우 "협동조합"은 "사회적협동조합"으로 본다.

법 시행규칙 제22조(사회적협동조합, 사회적협동조합연합회 및 이종협동조합연합회의 해산신고)
① 법 제102조 제2항(법 제115조 제3항 및 제115조의9에서 준용하는 경우를 포함한다)에 따라 사회적협동조합, 사회적협동조합연합회 및 이종협동조합연합회의 해산을 신고하려는 자는 별지 제28호서식의 해산신고서에 다음 각 호의 서류를 첨부하여 기획재정

부장관이나 관계 중앙행정기관의 장에게 제출해야 한다.
1. 해산 당시의 재산목록
2. 잔여재산 처분방법의 개요를 적은 서류
3. 해산 당시의 정관 사본
4. 해산을 결의한 총회 의사록 사본

② 제1항에 따른 신고서를 받은 기획재정부장관이나 관계 중앙행정기관의 장은 「전자정부법」 제36조 제1항에 따른 행정정보의 공동이용을 통하여 법인 등기사항증명서를 확인하여야 한다.

2) 개념

(1) 해산

해산이란 존속할 이유를 잃은 사회적협동조합이 본래의 권리능력을 상실하는 것을 의미한다. 해산의결 이후에는 영업활동을 할 수 없으나, 청산이 종결될 때까지 청산의 목적범위 내에서 존속한다.

(2) 청산

청산이란 합병, 분할 또는 파산 이외의 사유로 해산한 협동조합이 잔무를 처리하고 재산을 정리하여 협동조합의 법인격을 완전히 없애는 절차이다.

3) 해산사유(법 제102조 제1항)

1. 정관으로 정한 해산 사유의 발생
2. 총회의 의결

3. 합병·분할 또는 파산
4. 설립인가의 취소

〈표 3-1〉 해산절차의 흐름도

<table>
<tr><td colspan="2">해산총회 및 청산인 취임</td><td>■해산의결 및 청산인(이사장 원칙) 취임</td></tr>
<tr><td colspan="2">⇩</td><td></td></tr>
<tr><td>해산신고
⇩
해산등기
및
청산인등기</td><td>재산상태 조사,
재산목록·
대차대조표
작성</td><td>■청산인 취임 후 14일 이내 기획재정부장관에게 신고
(청산인 취임 후 지체 없이 재산상태 소사 및 재산목록·대차대조표 작성)
■해산일 및 취임일부터 14일 이내(주사무소) 등기</td></tr>
<tr><td colspan="2">⇩</td><td></td></tr>
<tr><td colspan="2">재산처분 총회</td><td>■재산처분 방법 승인</td></tr>
<tr><td colspan="2">⇩</td><td>※ 채무변제 등 재산처분 실행</td></tr>
<tr><td colspan="2">잔여재산 처리</td><td>■잔여재산 처리 등</td></tr>
<tr><td colspan="2">⇩</td><td></td></tr>
<tr><td colspan="2">청산사무 종결 및 결산보고 총회</td><td>■결산보고서 승인</td></tr>
<tr><td colspan="2">⇩</td><td></td></tr>
<tr><td colspan="2">청산종결등기</td><td>■청산사무 종결 후 14일 이내</td></tr>
</table>

(1) 해산에 관한 총회의결·청산인 취임(법 제103조)

총회에서 해산이 의결되면 이사장이 청산인이 된다. 다만, 총회에서 다른 사람을 청산인으로 선임하는 것은 가능하다.

청산인은 취임 후 지체 없이 재산상태 조사, 재산목록, 대차대조표 작성 등 청산사무를 개시하여야 한다.

(2) 해산신고(법 제102조 제2항, 법 시행규칙 제22조)

청산인은 취임 후 14일 이내에 기획재정부장관 또는 중앙행정기관의 장에게 해산신고를 하여야 하고, 해산신고서(법 시행규칙 별지 제28호 서식)를 작성하여 제출하여야 한다.

해산신고서에 첨부할 서류는 ❶ 해산 당시의 재산목록, ❷ 잔여재산 처분방법의 개요를 적은 서류, ❸ 해산 당시의 정관 사본, ❹ 해산 총회 의사록 사본 또는 정관상 해산사유의 발생 증명서류이다.

중앙행정기관의 담당자는 해산신고서를 받은 후 '행정정보의 공동이용'을 통하여 법인등기사항증명서를 확인하여야 한다(「전자정부법」 제36조 제1항). 다만, 미등기 협동조합의 경우에는 법인등기사항증명서를 확인할 수 없을 것이다.

사회적협동조합은 해산등기를 한 후 행정정보공동이용 업무포털(www.share.go.kr)에서 'e하나로 민원'을 이용하여 확인할 수 있다. e하나로 민원은 사회적협동조합(연합회) 해산신고 사무에 대한 권한을 얻은 후 이용할 수 있다.

(3) 해산등기 및 청산인등기(법 제108조, 제110조)

해산등기는 청산인이 해산일로부터 주된 사무소의 소재지에서는 14일 이내에, 지사무소의 소재지에서는 21일 이내에 하여야 한다.

청산인등기는 청산인이 취임일부터 14일 이내에 주된 사무소의 소재지에 성명 · 주민등록번호 및 주소를 기재하여 청산인등기를 하여야 한다.

주의하여야 할 점은 해산등기와 청산인등기를 반드시 동시에 신청하여야 한다는 점이다(상업등기법 제60조 제2항).

(4) 재산처분 방법에 관한 총회승인(법 제103조 제2항)

청산인이 재산상태를 조사하여 재산목록과 대차대조표 작성을 마치면 재산처분의 방법을 정하여 총회의 승인을 받아야 한다(총 조합원 과반수 출석과 출석자 과반수 찬성으로 의결).

총회를 2회 이상 소집하여도 총회가 구성되지 않을 경우에는 출석 조합원 3분의 2 이상이 찬성하면 총회 승인이 있은 것으로 간주한다.

(5) 잔여재산 처리(법 제104조)

사회적협동조합이 해산할 경우 채무를 변제하고 잔여재산이 있을 때에는 정관으로 정하는 바에 따라 처분한다.

(6) 청산사무 종결 및 결산보고서 총회 승인(법 제103조 제3항)

청산사무가 종결되면 청산인은 지체 없이 결산보고서를 작성하여 총회의 승인을 받아야 한다(총 조합원 과반수의 출석과 출석자 과반수의 찬성으로 의결).

총회를 2회 이상 소집하여도 총회가 구성되지 않을 경우에는 출석 조합원 3분의 2 이상이 찬성하면 총회 승인이 있은 것으로 간주한다.

(7) 청산종결등기(법 제110조)

청산이 끝나면 청산인은 주된 사무소의 소재지에는 14일 이내에, 지사무소의 소재지에서는 21일 이내에 청산종결등기를 하여야 하고, 신청서에는 청산사무종결 관련 결산보고서 승인을 증명하는 서류를 첨부하여야 한다.

8. 휴면사회적협동조합의 해산 및 청산간주

1) 근거법령

법 제57조의2(휴면협동조합의 해산)

① 법원행정처장은 마지막 등기 후 5년이 경과한 협동조합을 대상으로 본점의 소재지를 관할하는 법원에 아직 사업을 폐지하지 아니하였다는 뜻의 신고를 할 것을 관보로써 공고할 수 있다. 이 경우 신고의 내용·방법 등은 「상법」 제520조의2 제1항에 따른 신고에 관한 사항을 준용한다.

② 제1항에 따른 공고를 한 날에 이미 마지막 등기 후 5년이 경과되고, 공고일부터 2개월 이내에 제1항에 따른 신고를 하지 아니한 사회적협동조합은 그 신고기간이 만료된 때에 해산한 것으로 본다. 다만, 그 신고기간 내에 등기를 한 협동조합에 대해서는 그러하지 아니하다.

③ 제1항에 따른 공고가 있는 때에는 법원은 해당 협동조합에 대하여 그 공고가 있었다는 뜻의 통지를 발송하여야 한다.

④ 제2항 본문에 따라 해산한 것으로 본 협동조합이 그 후 3년 이내에 총 조합원 과반수의 출석과 출석 조합원 3분의 2 이상의 찬성 의결이 있는 경우에는 협동조합을 계속할 수 있다.

⑤ 제2항 본문에 따라 해산한 것으로 본 협동조합이 제4항에 따라 협동조합을 계속하지 아니한 경우에는 해산한 것으로 본 날부터 3년이 경과한 때에 청산이 종결된 것으로 본다.

⑥ 제2항 및 제5항에 따른 협동조합의 해산등기와 청산종결등기에 관해서는 「상업등기법」 제73조를 준용한다. 이 경우 "「상법」 제520조의2 제1항"은 "「협동조합 기본법」 제57조의2 제2항"으로, "「상법」 제520조의2 제4항"은 "「협동조합 기본법」 제57조의2 제5항"으로 본다.

법 제66조의2(계속등기)

① 제57조의2 제4항에 따라 협동조합을 계속하는 경우에는 주된 사무소의 소재지에서는 14일 이내에, 지사무소의 소재지에서는 21일 이내에 계속등기를 하여야 한다.

② 제1항에 따른 계속등기를 할 때에는 새로 선임된 이사장이 신청인이 된다.

③ 계속등기신청서에는 계속 사유를 증명하는 서류를 첨부하여야 한다.

법 제102조의2(휴면사회적 협동조합의 해산) 마지막 등기 후 5년이 경과한 사회적협동조합의 해산에 관하여는 제57조의2를 준용한다. 이 경우 "협동조합"은 "사회적협동조합"으로 본다.

상법 제520조의2(휴면회사의 해산)
① 법원행정처장이 최후의 등기후 5년을 경과한 회사는 본점의 소재지를 관할하는 법원에 아직 영업을 폐지하지 아니하였다는 뜻의 신고를 할 것을 관보로써 공고한 경우에, 그 공고한 날에 이미 최후의 등기후 5년을 경과한 회사로써 공고한 날로부터 2월 이내에 대통령령이 정하는 바에 의하여 신고를 하지 아니한 때에는 그 회사는 그 신고기간이 만료된 때에 해산한 것으로 본다. 그러나 그 기간내에 등기를 한 회사에 대하여는 그러하지 아니하다.

2) 휴면사회적협동조합의 해산 및 청산간주 절차

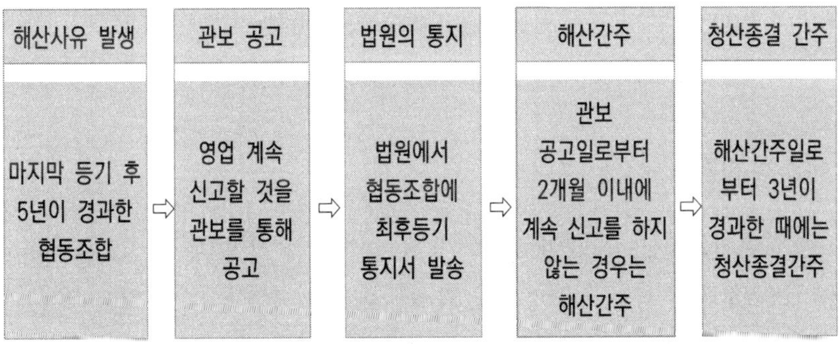

※ 법원행정처장의 공고일로부터 2개월 이내에 협동조합이 계속등기를 할 경우에는 해산한 것으로 보지 않는다.

(1) 해산사유 발생

마지막 등기 후 5년이 경과한 사회적협동조합의 경우 휴면사회적협동조합으로 간주되어 해산사유가 발생한 것으로 본다.

(2) 법원행정처장의 관보 공고

법원행정처장은 휴면사회적협동조합에 아직 영업을 폐지하지 아니하였다는 뜻의 신고(영업계속신고)를 할 것을 관보를 통해 공고할 수 있다.

이러한 경우 신고의 내용, 방법 등은 「상법」 제520조의2 제1항에 따른 신고에 관한 사항을 준용한다.

(3) 법원의 통지

법원(등기국)에서는 사회적협동조합에 '최후등기통지서'를 발송한다.

최후등기통지서란 최후 등기를 한 지 상당한 시간이 흐른 법인을 법원이 직권으로 해산간주 처리하기 전에 법인의 이해관계자(법인 대표이사 등)에게 법인을 계속 운영할 의사가 있는지 확인하기 위해 발송한 통지서이다(휴면법인의 해산 등에 관한 사무처리지침(대법원 등기예규 제1706호) 참조).

기타 내용은 제2장 협동조합 편을 참고하면 된다.

(4) 해산간주

법원행정처장의 공고일로부터 2개월 이내에 영업계속 신고를 하지 아니한 때에는 신고기간이 만료된 때 해산된 것으로 간주되고 등기관이 직권으로 해산등기를 하여야 한다(상업등기법 제73조).

다만, 휴면사회적협동조합이 법원행정처장의 공고일로부터 2개월 이내에 계속등기를 한 경우에는 해산한 것으로 간주하지 아니한다.

(5) 청산종결간주

해산간주된 협동조합이 3년 내 계속 하지 않은 경우 해산간주일로부터 3년 경과한 때 청산종결된 것으로 간주하고, 등기관이 직권으로 청산종결등기를 하여야 한다(상업등기법 제73조).

(6) 관계 법령 준용규정

사회적협동조합의 해산과 청산에 관하여는 「민법」 및 「비송사건절차법」 관련 조항이 준용되며, 주요 사항은 제2장 협동조합 편을 참고하면 된다.

9. 사회적협동조합의 등기절차

1) 설립등기

법 제106조(설립등기)

① 사회적협동조합은 설립인가를 받은 날부터 60일 이내에 주된 사무소의 소재지에서 설립등기를 하여야 한다.

② 설립등기신청서에는 다음 각 호의 사항을 적어야 한다.

1. 제86조 제1항 제1호와 제2호의 사항
2. 출자 총좌수와 납입한 출자금의 총액
3. 설립인가 연월일
4. 임원의 성명 · 주민등록번호 및 주소. 다만, 이사장이 아닌 임원의 주소는 제외한다.

③ 설립등기를 할 때에는 이사장이 신청인이 된다.

④ 제2항의 설립등기신청서에는 설립인가서, 창립총회의사록 및 정관의 사본을 첨부하여야 한다.

⑤ 합병이나 분할로 인한 사회적협동조합의 설립등기신청서에는 다음 각 호의 서류를 모두 첨부하여야 한다.

1. 제4항에 따른 서류
2. 제53조에 따라 공고하거나 최고한 사실을 증명하는 서류
3. 제54조에 따라 이의를 신청한 채권자에게 변제나 담보를 제공한 사실을 증명하는 서류

(1) 등기신청 기간

사회적협동조합 이사장은 설립인가를 받은 날부터 60일 이내에 주된 사무소 소재지의 지방법원 등기국이나 지방법원 등기과에 설립등기를 신청하여야 한다.

(2) 설립등기신청서의 기재사항

설립등기신청서에 기재하여야 할 사항은 ❶ 목적, 명칭 및 주된 사무소 소재지, ❷ 출자 총좌수 및 납입한 출자금의 총액, ❸ 설립신고 연월일, ❹ 임원의 성명, 주민등록번호 및 주소(이사장이 아닌 임원의 주소는 제외)이며, ❺ 임원이 법인인 경우에는 법인의 명칭, 법인등록번호 및 주소를 기재하여야 한다.

주의하여야 할 점은 이사장은 이사를 전제로 하는 것이므로 이사등기가 되어 있는 경우에 한하여 이사장으로 등기할 수 있다는 점이다.

(3) 설립등기신청서와 첨부서류

① 설립등기신청서 : 위 (1)의 기재사항 기재
② 정관 : 원본 환부신청을 하는 경우에는 사본 제출 가능
③ 총회의사록 : 공증을 받은 원본 제출
④ 설립인가증
⑤ 임원의 취임승낙서, 인감증명서, 주민등록표초본 : 임원 전원 제출
⑥ 대표자의 인감신고서
⑦ 출자금총액납입증명서 : 금융기관이 작성한 잔고증명서 또는 출자급납입확인서, 현물출자재산인계서 또는 출자재산영수증

⑧ 등록면허세영수필확인서
⑨ 위임장 : 대리인이 신청하는 경우

2) 지사무소 설치등기(법 제62조 준용)

법 제62조(지사무소의 설치등기) 협동조합이 지사무소를 설치하였으면 주된 사무소의 소재지에서는 21일 이내에 지사무소의 소재지에서는 28일 이내에 등기하여야 한다.

(1) 등기신청 기간

사회적협동조합이 지사무소를 설치한 경우에는 주된 사무소의 소재지에서는 21일 이내에, 지사무소의 소재지에서는 28일 이내에 등기를 신청하여야 한다. 지사무소 등기도 주된 사무소의 소재지에서 동시에 등기를 신청할 수 있다.

(2) 지사무소설치등기 신청서류

① 등기신청서 : 지사무소의 소재지와 그 설치연월일 기재
② 이사회회의록 : 공증 받은 의사록 제출, 의사록에 지사무소의 소재지와 설치연월일 기재
③ 등기신청수수료
④ 등록면허세납부확인서 : 주사무소와 지사무소 소재지 시군구에 각 납부하고 그 등록면허세납부확인서를 각 첨부
⑤ 위임장 : 대리인이 신청하는 경우

3) 이전등기(법 제63조 준용)

법 제63조(이전등기)

① 협동조합이 사무소를 이전하였으면 전소재지와 현소재지에서 각각 21일 이내에 이전등기를 하여야 한다.

② 제1항에 따른 등기를 할 때에는 이사장이 신청인이 된다.

(1) 등기신청 기간

협동조합이 사무소를 이전한 경우 이사장이 전 소재지와 현 소재지에서 각각 21일 이내에 이전등기를 신청하여야 한다.

(2) 사무소 이전에 따른 변경등기 신청서류

① 변경등기신청서 : 등기소나 인터넷등기소에 비치

② 정관 : 정관 사본에 법인인감을 날인하고 원본과 동일한 취지를 인증하여 제출

③ 이사회의사록 : 공증 받은 원본 제출

④ 조합원총회의사록, 정관변경인가확인증 : 정관에 주사무소가 구체적으로 기재된 경우에 주사무소를 변경하는 경우

⑤ 등기신청수수료

⑥ 등록면허세납부확인서 : 신소재와 구소재지 시군구에 각 납부하고 그 등록면허세납부확인서를 각 첨부

⑦ 위임장 : 대리인이 신청하는 경우

4) 변경등기(법 제64조 준용)

법 제64조(변경등기)

① 협동조합은 제61조 제2항 각 호의 사항이 변경되면 주된 사무소 및 해당 지사무소의 소재지에서 각각 21일 이내에 변경등기를 하여야 한다.

② 제61조 제2항 제2호의 사항에 관한 변경등기는 제1항에도 불구하고 회계연도 말을 기준으로 그 회계연도가 끝난 후 3개월 이내에 등기하여야 한다.

③ 제1항과 제2항에 따른 변경등기를 할 때에는 이사장이 신청인이 된다.

④ 제3항에 따른 등기신청서에는 등기 사항의 변경을 증명하는 서류를 첨부하여야 한다.

⑤ 출자감소, 합병 또는 분할로 인한 변경등기신청서에는 다음 각 호의 서류를 모두 첨부하여야 한다.

1. 제4항에 따른 서류
2. 제53조에 따라 공고하거나 최고한 사실을 증명하는 서류
3. 제54조에 따라 이의를 신청한 채권자에게 변제나 담보를 제공한 사실을 증명하는 서류

(1) 정관의 목적, 명칭, 주된 사무소의 소재지 변경등기

사회적협동조합의 이사장은 변경일로부터 21일 이내에 등기사항의 변경을 증명하는 서류를 첨부하여 관할 등기소에 변경등기를 신청하여야 한다. 이사장은 대리인을 선임하여 변경등기를 신청할 수 있고 이러한 점은 다른 등기의 경우에도 같다.

(2) 출자총좌수와 출자금의 총액 변경등기

사회적협동조합의 이사장은 회계연도말 기준으로 그 회계연도가 끝난 후 3개월 이내에 등기사항의 변경을 증명하는 서류를 첨부하여 관할 등기소에 변경등기를 신청하여야 한다.

(3) 임원의 성명, 주민등록번호, 주소 변경등기

사회적협동조합의 이사장은 변경일로부터 21일 이내에 등기사항의 변경을 증명하는 서류를 첨부하여 변경등기를 신청하여야 한다. 다만 주소변경등기는 이사장이 아닌 임원의 경우에는 필요하지 않다.

5) 해산등기

법 제108조(해산등기)

① 사회적협동조합이 해산한 경우에는 합병과 파산의 경우 외에는 주된 사무소의 소재지에서는 14일 이내에, 지사무소의 소재지에서는 21일 이내에 해산등기를 하여야 한다.

② 제1항에 따른 해산등기를 할 때에는 제4항의 경우 외에는 청산인이 신청인이 된다.

③ 해산등기신청서에는 해산 사유를 증명하는 서류를 첨부하여야 한다.

④ 기획재정부장관은 설립인가의 취소로 인한 해산등기를 촉탁하여야 한다.

사회적협동조합이 해산한 경우에는 합병과 파산의 경우 외에는 주된 사무소의 소재지에서는 14일 이내에, 지사무소의 소재지에서는 21일 이내에 해산등기를 신청하여야 한다.

협동조합은 해산등기의 신청인이 청산인이나, 사회적협동조합은 설립인가의 취소로 인한 해산등기 외에는 청산인이 신청인이 되며 해산 사유를 증명하는 서류를 첨부하여야 한다.

6) 계속등기(법 제66조의2 준용)

법 제66조의2(계속등기)

① 제57조의2 제4항에 따라 협동조합을 계속하는 경우에는 주된 사무소의 소재지에서는 14일 이내에, 지사무소의 소재지에서는 21일 이내에 계속등기를 하여야 한다.

② 제1항에 따른 계속등기를 할 때에는 새로 선임된 이사장이 신청인이 된다.

③ 계속등기신청서에는 계속 사유를 증명하는 서류를 첨부하여야 한다.

법 제102조의2에 따라 해산으로 간주된 사회적협동조합의 경우 총조합원 과반수의 출석과 출석자 3분의 2 이상의 찬성 의결이 있는 경우에는 사회적협동조합을 계속할 수 있다.

사회적협동조합을 계속하고자 할 경우에는 주된 사무소의 소재지에서는 14일 이내에 지사무소의 소재지에서는 21일 이내에 계속등기를 하여야 한다.

7) 청산인등기(법 제67조 준용)

법 제67조(청산인등기)

① 청산인은 그 취임일부터 14일 이내에 주된 사무소의 소재지에서 그 성명 · 주민등록번호 및 주소를 등기하여야 한다.

② 제1항에 따른 등기를 할 때 이사장이 청산인이 아닌 경우에는 신청인의 자격을 증명하는 서류를 첨부하여야 한다.

청산인은 취임일부터 14일 이내에 주된 사무소의 소재지에 성명 · 주민등록번호 및 주소와 법인인감을 등기하여야 한다.

청산인등기의 첨부서류는 다음과 같다.

① 청산인이 해산을 결의한 내용의 조합원총회의사록(공증 필요)

② 청산인의 자격을 증명하는 서류(위 조합원총회에서 선임된 경우 그 의사록이나 정관에 청산인으로 지정된 자가 있는 경우 그 정관)

③ 등록면허세 영수필 확인서, 취임승낙서, 인감증명서, 인감신고서, 인감대지

8) 청산종결등기(법 제68조 준용)

법 제68조(청산종결등기)

① 청산이 끝나면 청산인은 주된 사무소의 소재지에서는 14일 이내에, 지사무소의 소재지에서는 21일 이내에 청산종결의 등기를 하여야 한다.

② 제1항에 따른 등기신청서에는 제58조 제3항에 따른 결산보고서의 승인을 증명하는 서류를 첨부하여야 한다.

청산이 끝나면 청산인은 주된 사무소의 소재지에서는 14일 이내에, 지사무소의 소재지에서는 21일 이내에 청산종결등기를 하여야 한다.

청산종결등기의 첨부서류는 다음과 같다.

① 청산사무종결 관련 결산보고서의 승인을 증명하는 서류

② 등록면허세영수필확인서, 조합원 총회 공고문, 청산결산보고서를 승인한 총회의사록(공증받은 원본 제출), 청산결산보고서(출자금분배확인서, 출자금분배 내역서 첨부), 채권자보호절차를 경료하였음을 증명하는 서류

9) 준용규정

사회적협동조합의 등기에 관한 사항에 관하여 「협동조합 기본법」에서 정한 사항 외에는 「비송사건절차법」 및 「상업등기법」 중 등기에 관한 규정을 준용하는 규정은 다음과 같다.

「비송사건절차법」 준용규정	
제62조	법인의 이사 또는 청산인의 등기를 할 때에는 주민등록번호도 등기하여야 한다.
제65조	법인의 해산등기 신청서에는 해산의 사유를 증명하는 서면을 첨부하여야 하고, 이사가 청산인이 된 경우를 제외하고는 청산인의 자격을 증명하는 서면을 첨부하여야 한다.
제121조	다음 각 호의 어느 하나에 해당하는 자는 청산인으로 선임 불가 1. 미성년자 2. 피성년후견인 3. 자격이 정지되거나 상실된 자 4. 법원에서 해임된 청산인 5. 파산선고를 받은 자
「상업등기법」 준용규정	
제24조	① 대리인이 신청하는 경우에는 그 권한을 증명하는 서면 첨부하여야 한다. ② 성명 또는 주소의 변경에 관한 등기를 신청하는 경우 그 증명서면 첨부하여야 한다.
제25조	신청서에 기명날인 할 사람은 미리 인감을 등기소에 신고하여야 한다.

10) 등기 관련 규정 요약(협동조합기본법)

구분	관련조항	관할등기소	등기기한	신청인
설립	제106조	주사무소 소재지	설립인가를 받은 날부터 60일	이사장
지사무소 설치	제62조	주사무소지 및 지사무소지	주사무소 21일 지사무소 28일	이사장
이전	제63조	전소재지 및 현소재지	전·현소재지 각 21일	이사장
변경	제64조 ①	각 사무소 소재지	각 21일	이사장
출자금 변경	제64조 ②	각 사무소 소재지	회계연도가 끝난 후 3개월	이사장
합병	제107조	각 사무소 소재지	합병인가를 받은 날부터 14일	이사장
해산	제108조	주사무소지 및 지사무소지	주사무소 14일 자사무소 21일	청산인
계속	제66조의2	주사무소지 및 지사무소지	주사무소 14일 자사무소 21일	이사장
청산인	제67조	주사무소 소재지	취임일로부터 14일	청산인
청산종결	제68조	주사무소지 및 지사무소지	주사무소 14일 지사무소 21일	청산인

제 4 장

협동조합등의 회생 및 파산

제4장 협동조합등의 회생 및 파산

1. 총설

협동조합등의 법인격에 대해서는 협동조합은 법인이며 사회적협동조합은 비영리법인으로써, 협동조합은 「상법」의 일부가 준용되고 사회적협동조합은 「민법」의 비영리법인 부분이 준용되는 점은 앞에서 살펴보았다.

협동조합과 사회적협동조합이 설립되어 운영이 순조로운 경우에는 문제가 없지만, 실무에서는 경제적 어려움 등으로 더 이상 운영이 불가능한 경우가 발생하고 있다.

이러한 경우의 협동조합과 사회적협동조합에 대해서는 청산절차를 밟아 운영을 종결할지, 회생절차를 취하여 다시 운영을 계속할지 또는 채무가 총출자금을 초과하여 더 이상 운영이 어려우므로 파산절차로 나아가야 하는지에 대하여 선택하여야 한다.

협동조합과 사회적협동조합이 경제적인 문제로 더 이상 계속할 수 없는 경우에는 「채무자 회생 및 파산에 관한 법률」에 따라 회생 또는 파산절차로 나아가면 된다.

이와 같은 필요성에 따라 이 장에서는 협동조합과 사회적협동조합에 대한 법인회생 및 법인파산절차를 살펴보고자 한다.

1) 회생절차의 의의

회생절차는 재정적 어려움으로 인하여 파탄에 직면하여 있는 채무자에 대하여 채권자, 주주, 지분권자 등 이해관계인의 법률관계를 조정하여 채무자 또는 그 사업의 효율적인 회생을 도모하는 것을 목적으로 하는 제도이다.

재건형 절차인 회생은 사업의 재건과 영업의 계속을 통한 채무변제가 주된 목적이며, 대상은 개인이나 법인 모두 해당된다.

회생이 가능한 채무자라면 굳이 청산시키는 것보다는 존속하게 하면서 순차적으로 채무를 변제하는 것이 이해관계인에게 유리하고 사회 경제적으로도 유익하다.

따라서 「채무자 회생 및 파산에 관한 법률」(이하, '채무자회생법'이라고 한다)에서는 회생절차를 파산절차보다 우선하는 절차로 하고 있다.

2) 회생절차의 구조

(1) 개별적 권리행사 금지

채무자에 대하여 회생절차가 개시되면 강제집행, 보전처분, 담보권 실행 등 채권자들의 개별적인 권리행사를 중지 또는 금지시킨다. 채무자에게도 채무를 변제하거나 재산을 처분하거나 새로운 채무를 부담하지 못하도록 하여 채무자의 재산을 동결시킨다.

재산의 보전을 통해 채권자들 사이에 공평한 분배를 도모하는 한편, 채무자의 회생에 필수적인 영업조직과 인적 · 물적 자산을 유지하려는 것이기 때문이다.

(2) 채무자의 특별보호

회생절차가 개시되면 채무자의 관리인에게 부인권,[1] 쌍방 미이행 쌍무계약의 선택권, 상계권의 제한 등 채무자의 재산을 보전하기 위한 특별한 권한이 부여된다.

쌍방 미이행 쌍무계약은 관리인이 유・불리를 계산하여 계약을 해제할 수 있고, 계속 유지할 수도 있다.

전기・수도・도시가스의 공급업자는 비록 채무자 회사가 그 요금을 연체하였더라도 이를 계속 공급하여야 한다.

(3) 관리인의 경영과 법원의 감독

회생절차가 개시되면 채무자의 업무수행권, 재산처분권, 소송수행권 등 모든 재산상의 권리와 권한이 관리인에게 이전된다.

관리인은 채무자, 채권자, 주주 등 이해관계인 모두를 대표하는 공적 대표자로서 역할을 수행하며, 신탁관계에서의 수탁자와 유사한 책임과 의무를 부담한다.

관리인의 직무와 역할이 막중하기 때문에 법원은 관리인의 일정한 행위에 대해 미리 법원의 허가를 받도록 하거나, 관리인으로부터 주요 업무의 진행상황 및 추진실적에 대해 보고를 받는 등 여러 가지 방법으로 관리인을 감독한다.

---

1) 부인권은 법인회생 개시결정 전 회사의 행위(대표자의 대표행위 등) 채권자를 해하는 것을 알고 한 행위 또는 다른 채권자들의 평등을 해하는 행위이다. 부인권은 채무자의 재산을 감소시켜 채권자들에 이익을 침해하는 사해행위이다(도산실무, 법원공무원교육원, 2021. 2.).

(4) 채무조정과 지배구조 변경

채무자가 재정적 파탄에서 벗어나기 위해서는 기존 채무의 감축과 면제 등 채무조정이 필요하다. 채무조정은 회생절차에서 회생계획을 통해 이루어지는데 회생계획이 인가되면 채권자의 권리가 회생계획에 따라 변경된다.

채권자의 권리를 변경하는 방법에는 변제기를 유예하고 분할변제하거나 채무면제 등이 있고, 채무변제에 대신하여 신주를 배정받는 출자전환의 방법도 있다.

(5) 회생계획안의 작성과 집단적 의사결정

회생절차는 채권자 등의 양보를 전제로 하므로 이해관계인의 집단적 의사결정에 따라 채무자의 회생 여부가 결정된다.

관리인이 회생계획안을 제출하면 이해관계인이 관계인집회를 통해 이를 받아들일지 여부를 표결로 결정한다.

회생계획의 인가 여부는 원칙적으로 이해관계인의 선택으로 결정되는 것이 원칙이지만, 다른 이해관계인의 노력이 허사로 돌아가고 재기의 가능성이 있는 채무자의 회생이 무시되는 상황을 막기 위하여 채무자회생법 제244조에서는 법원이 직권으로 회생계획을 인가할 수 있게 하였다(강제인가).

(6) 분배의 원칙

분배에 관한 이해관계인 상호간의 우선순위는 특별한 사정이 없는 한 실체법상의 권리의 우선순위를 존중하여야 한다.

권리의 우선순위는 담보권자, 무담보 채권자, 주주·지분권자의 순으로 규정되고 있고, 회생계획안은 이 권리의 우선순위에 따라 작성되어야 하며, 이를 위반한 경우에는 회생계획 인가를 받을 수 없다.

같은 종류의 권리 간에는 평등의 원칙, 다른 종류의 권리간에는 공정하고 형평에 맞는 차등의 원칙이 적용되며, 청산가치 보장의 원칙을 지키도록 하되 채권자가 동의한 경우에는 예외를 인정하고 있다.

분배를 어떻게 할 것인가는 채무자의 관리인과 채권단 사이의 협상을 통해 결정되어 회생계획에 반영된다.

(7) 간이회생절차

간이회생절차는 중소기업 등의 회생절차의 접근성을 위하여 소액영업소득자에게 적용되는 회생절차이다.

소액영업소득자란 회생절차개시 신청 당시 회생채권 및 회생담보채권의 총액이 50억 원 이하인 채무를 부담하는 영업소득자를 말하고, 여기에서 영업소득자란 부동산임대소득 · 사업소득 · 농업소득 · 임업소득, 그 밖에 이와 유사한 수입을 장래에 계속적으로 또는 반복하여 얻을 가능성이 있는 채무자를 말한다.

간이회생절차에서는 관리인을 선임하지 아니하는 것이 원칙이며, 이러한 경우에는 채무자를 관리인으로 본다. 또한 법원은 이해관계인의 신청 또는 직권으로 간이조사위원을 선임할 수 있다. 통상적으로 간이조사위원은 법원사무관을 선임하여 운영하는 것이 법원의 실무처리례이다.

간이회생절차의 관계인집회에서는 채무자회생법 제237조 제1호(회생채권자의 조 의결권을 행사할 수 있는 회생채권자의 의결권의 총액의 3분의 2 이상에 해당하는 의결권을 가진 자의 동의가 있을 것)에도 불구하고, ❶ 의결권을 행사할 수 있는 회생채권자의 의결권의 총액의 3분의 2 이상에 해당하는 의결권을 가진 자의 동의가 있는 경우, ❷ 의결권을 행사할 수 있는 회생채권자의 의결권의 총액의 2분의 1을 초과하는 의결권을 가진 자의 동의 및 의결권자의 과반수의 동의가 있는 경우 중 어느 하나를 충족하는 경우에는 회생계획안에 관하여 회생채권자의 조에서 가결된 것으로 본다.

3) 파산절차

(1) 의의

파산절차는 채무자에게 파산의 원인이 있을 때 파산선고를 하고, 채권조사 절차를 통하여 채권자의 권리를 확정(소극재산의 처리)한 다음, 채무자의 재산을 환가(적극재산의 처리)하여 권리의 우선순위와 채권액에 따라 환가된 금원을 분배하는 과정이다.

(2) 청산형 절차

파산선고에 의하여 개시되고 폐지결정(동시폐지, 이시폐지) 또는 종결결정에 의하여 종료되며, 회생절차가 재건형 절차인데 반하여 파산절차는 청산형 절차라고 할 수 있다.

(3) 파산선고의 효력 및 배당

파산선고로 채무자로부터 그 재산의 관리처분권을 배세시키고 파산관재인으로 하여금 파산재단을 관리·처분하도록 하여 배당재원을 마련하고, 일반채권자에게는 채권의 개별적 권리행사를 금지하면서(강제집행, 가압류 또는 가처분의 효력상실) 채권신고에 의하여 채권액을 확정하고 그에 따라서 공평하게 배당을 실시하게 된다.

(4) 파산절차의 종료

파산절차의 본래 모습은 채무자의 재산을 환가하여 채권자들에게 공평하게 배당하는 절차인 종결결정으로 종료되나, 개인파산의 경우에는 파산이 인용되면 면책결정으로 종결되지만 파산재단이 파산절차의 비용조차 충당할 수 없는 경우에는 동시폐지결정(파산선고와 동시에 폐지결정을 하는 경우) 또는 이시폐지결정(파산선고 후 절차 진행 중 비용부족으로 폐지결정을 하는 경우)으로 종료된다.

다만, 동의파산폐지는 채권자들의 동의를 얻어 파산을 폐지하는 것으로 동시폐지 또는 이시폐지와는 그 성격이 다르며 당연복권 사유에 해당한다.

개인회생

개인회생이란 파산 원인사실이 있거나, 그러한 사실이 생길 염려가 있는 채무자가 원칙적으로 변제계획에서 정하는 기간 동안(최대 3년)[2] 변제계획에서 정하는 일정한 동안 채무액을 변제하면 총 채무액 중 변제되지 아니한 잔액에 대하여 책임을 면제하여 채무자가 경제적으로 재건할 수 있도록 하는 제도이다.

채무자가 개인회생절차를 이용하려면 반드시 계속적 · 반복적인 소득이 있어야 하고, 무담보채무인 경우에는 10억 원 이하, 담보부채무인 경우에는 15억 원 이하인 개인채무자만이 개인회생절차를 이용할 수 있다.

2) 다만, 채무자회생법 제614조 제1항 제4호〈변제계획의 인가결정일을 기준일로 하여 평가한 개인회생채권에 대한 총변제액이 채무자가 파산하는 때에 배당받을 총액보다 적은 경우〉의 경우에는 변제개시일부터 5년이다(도산실무, 법원공무원교육원, 2021. 2.).

2. 회생 · 파산절차의 흐름도

1) 회생절차

회생절차개시 신청	▪사업의 계속에 현저한 지장을 초래하지 아니하고는 변제기에 있는 채무를 변제할 수 없는 채무자, 파산의 원인인 사실이 생길 염려가 있는 채무자 ▪자본의 10분의 1 이상에 해당하는 채권을 가진 채권자, 5천만 원 이상의 금액에 해당하는 채권을 가진 채권자 ▪채무자의 보통재판적 소재지 회생법원, 채무자의 주된 사무소 · 영업소의 소재지를 관할하는 고등법원 소재지의 회생법원 ▪회생절차개시 신청에 대한 결정이 있을 때까지 채무자의 업무 및 재산에 대한 가압류 · 가처분 그 밖에 필요한 보전처분 ▪강제집행의 중지 · 취소명령 및 포괄적 금지명령 ▪관리위원회, 채권자협의회, 조사위원, 관리인 선임

⇩

회생절차개시 신청에 대한 재판	▪사업의 계속에 현저한 지장을 초래하지 아니하고는 변제기에 있는 채무를 변제할 수 없는 경우 및 채무자에게 파산의 원인사실이 생길 염려가 있는 경우에 대하여 판단하고, 그 요건을 충족하면 회생절차개시결정을 인용 ▪개시결정이 있으면 채무자는 사업의 경영과 재산의 관리처분권을 상실하고, 이러한 권한은 관리인에게 전속

⇩

회생채권[3], 회생담보권[4], 공익채권[5]의 조사	▪회생채권자 등의 목록 작성 ▪회생채권, 회생담보권 등의 신고 ▪회생채권, 회생담보권의 조사를 위한 시부인표 작성 및 특별조사기일 진행

---

3) 회생채권은 채무자에 대하여 회생절차개시 전의 원인으로 생긴 재산상의 청구권, 회생절차개시 후의 이자, 회생절차개시 후의 불이행으로 인한 손해배상금 및 위

⇩

관리인 보고를 위한 관계인 집회 및 관계인 설명회	■관리인의 보고를 위한 관계인 집회 소집 ■관계인 집회 대신 관계인 설명회 가능

⇩

채무자 재산의 구성과 확보	■채무자의 재산을 확보 ■회생채권자는 부인권[6]을 행사할 수 있음

⇩

회생계획안 작성 및 제출	■회생계획안은 법에 따라 채무자 또는 그 사업의 효율적인 회생을 위한 계획으로 이해관계인의 권리변경 및 변제방법, 채무자의 조직변경 등에 관한 조항을 정한 것으로 보통 관리인이 제출 ■회생계획안은 심리를 위한 관계인집회기일 전까지는 법원의 허가를 얻어 수정 및 변경 가능

약금, 회생절차참가의 비용을 말한다(법 제118조) (도산실무, 법원공무원교육원, 2021. 2.).

4) 회생담보권이란 회생채권이나 회생절차개시 전의 원인으로 생긴 채무자 외의 자에 대한 재산상의 청구권으로서 회생절차개시 당시 채무자의 재산상에 존재하는 유치권 · 질권 · 저당권 · 양도담보권 · 가등기담보권 · 「동산 · 채권 등의 담보에 관한 법률」에 따른 담보권 · 전세권 또는 우선특권으로 담보된 범위의 것은 회생담보권으로 한다. 다만, 이자 또는 채무불이행으로 인한 손해배상이나 위약금의 청구권에 관하여는 회생절차개시결정 전날까지 생긴 것에 한한다(법 제141조 제1항) (도산실무, 법원공무원교육원, 2021. 2.).

5) 공익채권은 회생절차의 수행을 위하여 인정된 채무자에 대하 청구권으로서 회생채권, 회생담보권에 대응하는 개념이다. 공익채권은 원칙적으로 주로 회생절차개시 후의 원인에 기하여 생긴 청구권을 말한다. 그러나 예외적으로 회생절차개시 전의 원인에 기하여 생긴 청구권이라도 근로자의 임금, 퇴직금 및 재해보상금 등은 형평의 관념이나 사회정책적 이유 등으로 공익채권으로 되는 것이 있다(도산실무, 법원공무원교육원, 2021. 2.).

6) 부인권이란 회생절차개시 전에 채무자가 회생채권자 · 회생담보권자를 해하는 것을 알고 한 행위 또는 다른 회생채권자자 · 회생담보권자와의 평등을 해하는 변제, 담보의 제공 등과 같은 행위를 한 경우 회생절차개시 후에 관리인이 그 행위의 효력을 부인하고 일탈된 재산의 회복을 목적으로 하는 권리이다(법 제100조) (도산실무, 법원공무원교육원, 2021. 2.).

⇩

특별조사기일과 회생계획안 심리 및 결의를 위한 관계인 집회	▪회생계획안이 제출되면 법원은 그 심리를 위하여 기일을 정하여 관계인 집회를 소집 ▪관계인집회에서 심리를 거친 회생계획안에 관하여 수정명령을 하지 않는 경우에는 그 회생계획안에 관한 결의를 위한 관계인집회를 열어 결의를 확정 ▪회생계획안 결의는 조(회생담보권자조, 우선권 있는 채권을 가진 회생채권자조, 일반회생채권자조, 잔여재산의 분배에 관하여 우선적 내용을 갖는 종류의 주식 또는 출자지분을 가진 주주 · 지분권자 조 및 그 외의 조)를 나누어 결의를 하고, 모든 조에서 가결되었을 때만 회생계획안 가결 ▪의결권은 확정된 회생채권 또는 회생담보권을 가진 채권자는 그 확정된 액이나 수에 따라, 의결권에 대한 이의 없는 의결권을 가진 주주 · 지분권자는 목록에 기재되거나 신고한 액이나 수에 따라 의결권 행사 ▪회생계획안이 가결되지 않은 경우 법원은 회생계획안 결의를 위한 관계인집회를 속행하는 방법, 권리보호 조항을 적용하여 회생계획을 인가하는 방법, 회생절차를 폐지하는 방법으로 결정

⇩

회생계획안 인가	▪관계인집회에서 회생계획안을 가결한 때에는 법원은 그 기일에 또는 즉시로 선고한 기일에 회생계획의 인가 여부에 관하여 결정 ▪회생계획은 인가결정이 있는 때부터 효력 발생(선고 시부터 또는 공고일 다음날부터) ▪인가결정의 효력은 인가계획 규정 또는 법 규정에 의하여 인정된 권리를 제외하고, 채무자는 모든 회생채권과 회생담보권에 관하여 그 책임을 면하며 주주의 권리와 채무자의 재산상에 있는 모든 담보권은 소멸 ▪조세채권도 회생채권, 회생담보권으로서 면책 및 소멸 대상 ▪신고되지 않은 회생채권과 회생담보권은 물론이고, 신고된 회생채권과 회생담보권이라도 회생계획의 규정에서 인정된 권리를 제외하고 면책 ▪공익채권, 환취권[7], 회생절차개시 전의 벌금, 과료, 형사소송비용, 추징금, 과태료는 면책되지 않음

7) 환취권이란 회생채권, 회생담보권 등에 속하는 재산에 대하여 권리를 주장하는 제3자가 회생채권에 속해 있는 채무자의 재산을 실체법상의 권리를 주장하여 돌려받을 수 있는 권리이다(도산실무, 법원공무원교육원, 2021. 2.).

⇩

회생절차의 종결과 폐지	■종결 : 회생계획에 따른 변제가 시작되면 법원은 관리인 또는 목록에 기재되어 있거나 신고한 회생채권자 또는 회생담보권자의 신청에 의하거나 직권으로 회생절차종결을 결정 ■폐지 : 회생절차개시 후에 회생절차가 그 목적을 달성하지 못한 채 법원이 그 절차를 중도에 종료시키는 것(회생계획인가전 폐지, 회생계획인가후 폐지)

회생절차 폐지와 강제집행의 관계

채무자의 재산에 대한 파산절차, 회생채권 또는 회생담보권에 기한 강제집행 등, 국세징수의 예의 의하여 징수할 수 있는 청구권으로서 그 징수우선순위가 일반회생채권보다 우선하지 아니한 것에 기한 체납처분은 회생절차개시결정으로 인하여 중지되고(채무자회생법 제58조), 위 절차 중 체납처분을 제외한 다른 절차는 회생계획인가결정으로 인하여 실효된다(채무자회생법 제256조).

따라서 인가결정 전 폐지가 된 경우에는 중지된 절차들이 다시 속행되지만, 인가결정 후 폐지 된 경우에는 절차 속행의 문제가 발생하지 않으므로 다시 파산선고, 강제집행, 가압류, 가처분, 담보권실행 등을 위한 경매절차를 신청하여야 한다.

2) 파산절차

단계	내용
파산선고	■ 채권자 또는 채무자 등의 신청 ■ 채무자의 지급불능 또는 부채초과의 상태가 인정되면 파산선고 ■ 회생계획인가전 회생절차폐지결정이 확정되면 직권으로 파산선고를 할 수 있고, 회생계획인가후 회생절차폐지결정이 확정되면 필수적으로 직권으로 파산선고를 하여야 함
⇩	
파산관재인	■ 파산선고와 동시에 파산관재인을 선임하여야 하고, 법원의 감독을 받으며, 파산재단을 관리하고 처분할 권한이 있음 ■ 통상적으로 법원에 파산관재인을 신청한 관내 변호사 중 법원이 선임
⇩	
제1회 채권자집회	■ 파산선고일로부터 4개월 이내 ■ 법원은 파산관재인으로부터 업무보고를 받음 ■ 영업의 폐지 또는 계속, 고가품의 보관방법에 관하여 결의할 수 있음
⇩	
채권조사	■ 장래 배당의 기초가 될 채권액을 확정하는 절차 ■ 일반기일 : 채권신고기간 내에 신고된 채권 및 그 이후에 신고된 채권이라도 채권조사기일과 함께 조사하는데 이의가 없는 채권을 조사 ■ 특별기일 : 채권신고기간 이후에 신고된 채권 중 일반채권조사기일에서 함께 조사되지 않은 채권을 조사 ■ 채권조사기일에서 파산관재인 또는 다른 채권자가 이의를 하면 채권은 확정되지 않고 별도의 확정절차(조사확정재판 등)를 거쳐야 하지만, 이의를 하지 않으면 채권은 즉시 확정 ■ 파산채권자표에 채권조사기일의 결과가 기재됨으로써 파산관재인 전원에 대하여 확정판결과 동일한 효력을 가짐(기판력은 인정되지 않음)
⇩	
환가	■ 파산관재인은 파산재단의 현상을 파악한 후 즉시 파산재단 소속 재산의 환가에 착수하여야 함(임의매각) ■ 부동산은 담보권자와 협의하여 임의매각

⇩

배당	■ 환가와 채권조사를 마치면 환가대금으로 재단채권을 변제하고 남은 것이 있으면 파산채권자에게 배당

⇩

종결	■ 최후배당을 마치면 채권자집회를 열어 계산보고를 하고, 채권자의 이의가 없으면 파산종결 결정 ■ <u>법인은 파산절차 종결에 의하여 소멸</u> ※ 개인파산은 파산절차가 정상적으로 종결되면 잔여채무에 대하여 책임이 면제됨(면책)

⇩

폐지	■ 파산선고 후 파산재단으로서 절차비용을 충당하기에도 부족한 경우(이시폐지) 및 채권자의 동의가 있는 경우(동의폐지), 파산선고와 동시에 폐지 결정이 되는 경우에는 즉시 파산절차는 종료(동시폐지) ■ 이시폐지의 경우 채무자가 법인인 경우 법인격 소멸(동의폐지는 법인의 법인격 유지)

파산선고에 따른 복권(개인파산의 경우)

1. 당연복권(채무자회생법 제574조)
   ① 면책의 결정이 확정된 때
   ② 제538조의 규정에 의한 신청에 기한 파산폐지의 결정이 확정된 때
   ③ 파산선고를 받은 채무자가 파산선고 후 제650조의 규정에 의한 사기파산으로 유죄의 확정판결을 받음이 없이 10년이 경과한 때
2. 신청복권(채무자회생법 제575조)
   ① 제574조의 규정에 의하여 복권될 수 없는 파산선고를 받은 채무자가 변제 그 밖의 방법으로 파산채권자에 대한 채무의 전부에 관하여 그 책임을 면한 때에는 파산계속법원은 파산선고를 받은 채무자의 신청에 의하여 복권의 결정을 하여야 한다. 〈개정 2016.12.27〉
   ② 파산선고를 받은 채무자는 제1항의 규정에 의하여 복권의 신청을 하는 때에는 그 책임을 면한 사실을 증명할 수 있는 서면을 제출하여야 한다.
   ③ 제1항의 결정에 대하여는 즉시항고를 할 수 있다.

양 식

- 협동조합 설립신고서
- 협동조합 해산신고서
- 사회적협동조합 설립인가신청서
- 사회적협동조합 해산신고서

■ 협동조합 기본법 시행규칙 [별지 제2호 서식] <개정 2020. 9. 29.>

[ ] 협동조합 / [ ] 협동조합연합회 설립신고서

※ 첨부서류를 확인하시기 바라며, 색상이 어두운 난은 신고인이 작성하지 않습니다.

접수번호	접수일	처리기간 20일

설립신고인	성명(법인명)	생년월일(법인등록번호)
	주소	전화번호

신고내용	설립동의자 수(명)	출자금 납입총액(원)	창립총회 개최일

법 인			
	조합명(연합회명)	전화번호	
	소재지		
	이사장(회장) 성명(법인명)	주민등록번호(법인등록번호)	
	전화번호	전자우편주소	
	주소		
	협동조합(연합회) 임원의 「협동조합 기본법」 제36조 제1항 각 호 해당 여부	해당[ ]	해당되지 않음[ ]
	협동조합(연합회) 이사장의 「협동조합 기본법」 제44조 제1항에 따른 겸직 여부	해당[ ]	해당되지 않음[ ]

「협동조합 기본법」 제15조 제1항 전단 또는 제71조 제1항 전단에 따라 위와 같이 설립했음을 신고합니다.

년 월 일

신고인 (서명 또는 인)

기획재정부장관 또는 시 · 도지사 귀하

첨부서류	1. 정관 사본 1부 2. 창립총회 개최 공고문 1부 3. 창립총회 의사록 사본 1부 4. 임원명부 1부 5. 사업계획서 1부 6. 수입 · 지출 예산서 1부 7. 출자 1좌당 금액과 조합원 또는 회원별로 인수하려는 출자좌수를 적은 서류 1부 8. 발기인 및 설립동의자(또는 설립에 동의한 협동조합)명부 1부 9. 합병 또는 분할을 의결한 총회 의사록(「협동조합 기본법」 제56조 제1항 · 제2항 및 제83조에 따라 합병 또는 분할로 인해 설립되는 경우만 해당하며, 합병 또는 분할로 인해 존속하거나 설립되는 협동조합이 승계해야 할 권리 · 의무의 범위가 의결사항으로 적혀 있어야 합니다) 사본 1부	수수료 없음

처리절차

설립신고서 작성	→	접 수	→	서류 확인 및 검 토	→	결 재	→	신고확인증 교부
신고인		처리기관 (기획재정부장관 또는 시 · 도지사)		처리기관 (기획재정부장관 또는 시 · 도지사)		처리기관 (기획재정부 장관 또는 시 · 도지사)		

210㎜×297㎜[백상지 80g/㎡]

■ 협동조합 기본법 시행규칙 [별지 제14호 서식] <개정 2020. 9. 29.>

[ ] 협동조합 [ ] 협동조합연합회 해산신고서

※ 첨부서류를 확인하시기 바라며, 색상이 어두운 난은 신고인이 작성하지 않습니다.

접수번호	접수일	처리기간 7일

신고인 (청산인)	성명(법인명)	주민등록번호(법인등록번호)
	전화번호	전자우편주소
	주소	

신고내용	첨부서류 참조

「협동조합 기본법」 제57조 제2항 또는 제83조에 따라 위와 같이 해산을 신고합니다.

년 월 일

신고인(청산인) (서명 또는 인)

기획재정부장관 또는 시·도지사 귀하

첨부서류	해산을 결의한 총회 의사록 사본이나 정관으로 정한 해산 사유의 발생을 증명하는 서류	수수료 없음
담당 공무원 확인사항	법인 등기사항증명서	

행정정보 공동이용 동의서

본인은 이 건 업무처리와 관련하여 「전자정부법」 제36조 제1항에 따른 행정정보의 공동이용을 통하여 위의 담당 공무원 확인사항을 확인하는 것에 동의합니다.

* 동의하지 않는 경우에는 신청인이 직접 관련 서류를 제출하여야 합니다.

신청인(대표자) (서명 또는 인)

처리절차

신고서 작성	→	접 수	→	서류확인 및 검토	→	결 재
신고인 (청산인)		처리기관 (기획재정부장관 또는 시·도지사)		처리기관 (기획재정부장관 또는 시·도지사)		처리기관 (기획재정부장관 또는 시·도지사)

210㎜×297㎜[백상지 80g/㎡]

■ 협동조합 기본법 시행규칙 [별지 제18호서식] <개정 2020. 9. 29.>

[ ] 사회적협동조합 [ ] 사회적협동조합연합회 설립인가 신청서

※ 첨부서류를 확인하시기 바라며, 색상이 어두운 난은 신청인이 작성하지 않습니다.

접수번호		접수일		처리기간 60일	
설립 신청인	성명(법인명)			생년월일(법인등록번호)	
	주소			전화번호	
법 인	조합명(연합회명)			전화번호	
	소재지				
	이사장(회장) 성명(법인명)			주민등록번호(법인등록번호)	
	전화번호			전자우편주소	
	주소				
설립신청 내용	설립동의자 수(명)		출자금 납입총액(원)		창립총회 개최일
	1인당 최저출자금(원) * 보건의료사업을 하는 사회적협동조합의 경우에만 작성			총자산 대비 출자금 납입총액의 비율(%) * 보건의료사업을 하는 사회적협동조합의 경우에만 작성	
주사업 유형 (*사회적 협동조합만 작성)	[ ] 지역사업형(「협동조합 기본법」 제93조제1항제1호) [ ] 취약계층 사회서비스 제공형(「협동조합 기본법」 제93조제1항제2호) [ ] 취약계층 고용형(「협동조합 기본법」 제93조제1항제3호) [ ] 위탁사업형(「협동조합 기본법」 제93조제1항제4호) [ ] 기타 공익증진형(「협동조합 기본법」 제93조제1항제5호)				

「협동조합 기본법」 제85조제1항 또는 제114조제1항에 따라 위와 같이 설립인가를 신청합니다.

년 월 일

신청인 (서명 또는 인)

기획재정부장관 또는 관계 중앙행정기관의 장 귀하

첨부서류	1. 정관 사본 1부 2. 창립총회 개최 공고문 1부 3. 창립총회 의사록 사본 1부 4. 임원 명부(임원약력 포함) 1부 5. 사업계획서 1부 6. 수입 · 지출 예산서 1부 7. 출자 1좌당 금액과 조합원 또는 회원별로 인수하려는 출자좌수를 적은 서류 1부 8. 발기인 및 설립동의자(또는 설립에 동의한 사회적협동조합) 명부 1부 9. 합병 또는 분할을 의결한 총회의사록(「협동조합 기본법」 제101조제1항 및 제115조제3항에 따른 합병 또는 분할로 인해 설립되는 경우만 해당하며, 합병 또는 분할로 인해 존속하거나 설립되는 사회적협동조합 및 사회적협동조합연합회가 승계해야 할 권리 · 의무의 범위가 의결사항으로 적혀 있어야 합니다) 사본 1부 10. 주 사업의 내용이 설립인가 기준을 충족하는 것을 증명하는 서류(사회적협동조합의 경우에만 제출합니다)	수수료 없음

처리절차

신청서 작성	→	접 수	→	서류 확인 및 검토	→	결 재	→	설립인가증 발급
신청인		처리기관 (기획재정부장관 · 관계 중앙행정기관의 장)		처리기관 (기획재정부장관 · 관계 중앙행정기관의 장)		처리기관 (기획재정부장관 · 관계 중앙행정기관의 장)		

210㎜×297㎜[백상지 80g/㎡]

■ 협동조합 기본법 시행규칙 [별지 제28호 서식] <개정 2020. 9. 29.>

[ ] 사회적협동조합 [ ] 사회적협동조합연합회 [ ] 이종협동조합연합회 해산신고서

※ 첨부서류를 확인하시기 바라며, 색상이 어두운 란은 신고인이 작성하지 않습니다.

접수번호	접수일	처리기간 7일

신고인 (청산인)	성명(법인명)	주민등록번호(법인등록번호)
	전화번호	전자우편주소
	주소	

신고 내용	첨부서류 참조

「협동조합 기본법」 제102조 제2항, 제115조 제3항 또는 제115조의9에 따라 위와 같이 해산을 신고합니다.

년 월 일

신고인(청산인) (서명 또는 인)

기획재정부장관 또는 관계 중앙행정기관의 장 귀하

첨부서류	1. 해산 당시의 재산목록 1부 2. 잔여재산 처분방법의 개요를 적은 서류 1부 3. 해산 당시의 정관 사본 1부 4. 해산을 결의한 총회 의사록 사본 1부	수수료 없음
담당 공무원 확인사항	법인 등기사항증명서	

행정정보 공동이용 동의서

본인은 이 건 업무처리와 관련하여 「전자정부법」 제36조 제1항에 따른 행정정보의 공동이용을 통하여 위의 담당 공무원 확인사항을 확인하는 것에 동의합니다.

* 동의하지 않는 경우에는 신청인이 직접 관련 서류를 제출하여야 합니다.

신청인(대표자) (서명 또는 인)

처리절차

신고서 작성	→	접 수	→	서류 확인 및 검토	→	결 재
신고인 (청산인)		처리기관 (기획재정부장관 · 관계 중앙행정기관의 장)		처리기관 (기획재정부장관 · 관계 중앙행정기관의 장)		처리기관 (기획재정부장관 · 관계 중앙행정기관의 장)

210㎜×297㎜[백상지 80g/㎡]

참고문헌

1. 단행본

기획재정부 · 한국사회적기업진흥원, 『협동조합 업무지침』, 2021

법원행정처, 『민법법인등기실무』, 2018

————, 『상업등기실무』, 2017

법원공무원교육원, 『민법 Ⅰ · Ⅱ』, 2021

————, 『상업등기실무』, 2021

————, 『도산실무』, 2021

2. 기타자료

대법원 인터넷등기소 http://www.iros.go.kr

대법원 종합법률정보 http://www.glaw.scourt.go.kr

사법부지식관리 코트넷 http://gw.scourt.go.kr

인터넷 지식백과 http://terms.naver.com

찾아보기

저자 약력

• 전남주(全南柱)

경남대학교 법정대학 법학과
동아대학교 법무대학원 부동산법학 석사
법원행정처, 서울행정법원, 부산고등법원, 부산지방법원 재판참여관(민사, 행정, 경매, 파산, 회생), 등기관, 행정관(인사, 감사)
부산광역시 부산진구 공유토지분할위원회 위원
부산광역시 동구 공유토지분할위원회 위원
(현) 부산지방법원 등기국 등기관
부산대학교 평생교육원 부동산경매 강사
부산경상대학교 부동산경영과 겸임교수

【저서 및 연구활동】
- 경매의 기술, 탑북스, 2017
- 배당의 이해, 탑북스, 2017
- 부동산등기 실무의 핵심, 탑북스, 2018
- 권리분석실무, 탑북스, 2021
- 부동산등기실무, 탑북스, 2021
- 부동산거래분쟁사례, 탑북스, 2021
- 등기관의 형식적심사권이 매수인의 매각 목적물 인도절차에 미치는 영향에 대한 법적 연구
- 전세권등기와 임차권등기명령에 의한 임차권등기의 관계
- 등기할 사건이 아닌 건축물에 대한 등기관의 형식적심사권의 한계
- 주상복합건물 1동 전부를 동일인이 일괄적으로 임대차한 경우의 대항력과 배당의 문제
- 강제경매를 신청한 최선순위전세권자의 지위
- 전거에 따른 등기명의인표시변경·경정등기의 제한적 생략에 대한 제언

• 김정태(金正泰)

부산대학교 법학박사
센텀리얼티 부동산중개(주) 대표역임
부산지방법원 감정인 선정 등 심사위원
부산지방법원 1심 충실화 위원
자치구 성과평가, 정보공개 심의 위원
(사) 한국법률실무학회 부회장
(현) 부산경상대학교 평생생활문화과 교수
부산경상대학교 평생교육원장

【저서 및 연구활동】

- 경매의 기술, 탑북스, 2017
- 배당의 이해, 탑북스, 2017
- 부동산등기 실무의 핵심, 탑북스, 2018
- 권리분석실무, 탑북스, 2021
- 부동산등기실무, 탑북스, 2021
- 부동산경매에서의 하자담보책임에 관한 연구
- 법정지상권에 관한 연구
- 민법 제366조의 법정지상권의 성립요건에 대한 소고
- 확정일자 임차인과 최선순위전세권자의 지위
- 전세권자의 권리보호에 관한 연구

상생을 위한

협동조합 설립과 회생

2021년 10월 20일 1판 1쇄 인쇄
2021년 10월 30일 1판 1쇄 발행

저 자 전남주 · 김정태
발행인 김광식
조 판 아람기획

07285
발행처 서울특별시 영등포구 선유로3길 10, 617호
도서출판 탑북스
등 록 2009.12.21 제 2016-000101호
전 화 02)365-2223 팩스 02)365-2224

 정가 18,000 원

ISBN 979-11-90247-51-1-93300